韩晶——著

西北地区公共图书馆

数字阅读推广

贵州科技出版社

图书在版编目（CIP）数据

西北地区公共图书馆数字阅读推广 / 韩晶著 . -- 贵

阳 : 贵州科技出版社 , 2023.4

ISBN 978-7-5532-1199-2

Ⅰ . ①西… Ⅱ . ①韩… Ⅲ . ①公共图书馆—读书活动

—研究—西北地区 Ⅳ . ① G252.17

中国国家版本馆 CIP 数据核字 (2023) 第 104660 号

西北地区公共图书馆数字阅读推广

XIBEI DIQU GONGGONG TUSHUGUAN SHUZI YUEDU TUIGUANG

出版发行	贵州科技出版社	
地　址	贵阳市观山湖区会展东路SOHO区A座（邮政编码：550081）	
网　址	http://www.gzstph.com	
出版人	王立红	
经　销	全国各地新华书店	
印　刷	三河市燕春印务有限公司	
版　次	2023年4月第1版	
印　次	2023年4月第1次	
字　数	196 千字	
印　张	12.75	
开　本	787 mm × 1092 mm 1/16	
书　号	ISBN 978-7-5532-1199-2	
定　价	48.00 元	

前　言

全民阅读是一项利国利民的千秋大业，同时也是一项文化重大工程，继续深化和推进全民阅读，需要全社会共同努力。特别是在当前这个"数字化"的时代里，将全民阅读与"数字化"结合起来，构建全民体系的数字阅读，更是社会文化建设的当务之急。

对我国西北地区而言，如何将数字阅读推广起来，让西北地区群众更好地感受到数字阅读时代的红利，是当前工作的重中之重。从西北地区的发展实际来看，我国西北地区的全民阅读事业目前仍处于积极探索的发展时期。要想在西北地区推广数字阅读，就必须以西北地区的发展实际为基础，以西北地区民众的阅读习惯、阅读行为等为出发点，为数字阅读推广寻找新的发展突破口。

在如此背景下，承担社会公众阅读使命的公共图书馆，就成为我国西北地区推广数字阅读的先行兵。公共图书馆与数字阅读相结合，或许能为西北地区的数字阅读推广提供新的发展契机，同时也为我国西北地区的全民阅读事业带来新的发展活力。

基于这样的发展实际与社会背景，本书以我国西北地区公共图书馆数字阅读推广为主题，从当前公共图书馆的发展实际、发展特点、发展趋势等方面入手，并借鉴数字阅读时代的诸多新内容，以此来寻求公共图书馆与数字阅读的契合之处，从而对我国西北地区公共图书馆的数字阅读推广事业作出全面分析，探求新时代背景下公共图书馆数字阅读的新篇章。

本书立足于实际，力求向读者全面剖析公共图书馆与数字阅读的内容，让读者对新时代背景下的公共图书馆有更加深入和全面的了解，同时也让读者对当前数字阅读的新发展、新趋势、新特点有所了解，最终帮助读者构建起全面的数字阅读理念，切实将数字阅读推广到人民群众的社会生活中去，让大家重新认识阅读，重新喜欢上阅读，重新感受阅读带来的独特魅力，从而为我国构建"书香社会"的建设目标添砖加瓦。

希望这部作品能够为我国全民数字阅读事业的发展助一臂之力，同时也希望能够对我国公共图书馆事业的发展有所裨益。由于编者水平有限且时间仓促，如书中出现错误之处，敬请各位读者及同行指正。

目 录

第一章
图书馆概述

第一节　图书馆的起源和发展

一、图书馆的定义

1985 年，我国知名学者吴慰慈教授曾在其所编纂的《图书馆学概论》一书中，这样界定了图书馆的概念："图书馆是一种文化教育机构，主要负责对书刊资料加以搜罗、梳理、保存和使用，服务于社会的政治和经济层面。"

随着时代的发展，图书馆的意义愈发显著，在界定图书馆的概念时，其内容也愈加丰富。在当代社会，随着科技不断发展，图书馆的发展也呈现更加多元化的状态，其存在形式不仅仅是实体的，而且在很大程度上会转变成和社会发展关系密切的社会机制。

二、国外图书馆的起源和发展

图书馆虽然在很大程度上承载了人类文明发展的成果，可是它们的出现并不是同步的，只有当人类文明发展到相应的程度，并取得相应的成果时，才有图书馆这一人类文明的产物。

考古学研究成果显示，世界上第一座图书馆出现在距今 4000 多年的两河流域。

图书馆的出现有两个重要前提，一是文字的出现，二是文献的出现。文字就是人类的一种书写符号，主要用来对语言信息加以传输和记载，在人类文明发展史上，它的发明具有里程碑式的意义。

现如今，在世界文明史和文字的发明史上，有这样三个历史转折点：一是公元前 4000 多年前，第一种象形文字被古埃及人发明出来，即纸草文字；二是公元前 3000 多年前，第二种象形文字被苏美尔人发明出来，即楔形文字；三是公元前 14 世纪至公元前 11 世纪，第三种象形文字被我国商朝人发明出来，即甲骨文。从这里我们可以发现，人类文明史上早期出现的文字，其创造标准都是象形。

文字被发明出来以后，人类急需的就是可用来对文字加以记载和传播的媒介——文献应运而生，它是所有可以对文字或信息加以记录的承载物的统称。古代文献的形式具有抽象性，像源于古埃及的纸草卷，源于我国的金石文献、泥陶文献等，都可以在很大程度上记录文字或信息。后来，随着时代的进步，纸张出现以后，纸就成为人们记录文字的重要载体。随后，当科技持续发展，人类具有愈加多样化的可用来对文字和信息加以记录的载体，比如胶卷、硬盘等。

对文字和信息加以记载和传播并不是一件简单的事情，当人们通过文献的形式对文字和信息加以记载和传播以后，新的问题又来了：如此浩繁的文献要如何保存呢？图书馆就是在这样的时代背景下出现的。

4000 多年前的两河流域是世界上第一座图书馆诞生的地方，从严格意义上来说，称其为"图书馆"有些名不副实，更准确地说，它应该是档案馆，功能在于对文献档案资料加以保存。公元前 7 世纪，世界上第一座严格意义上的图书馆在亚述帝国出现了，它就是位于亚述帝国首都尼尼微的皇宫图书馆，保存在这里的泥版文献资料多达 25 000 多块，而且，这些资料还都有目录可供查询。之后，古埃及、古希腊这些文明古国纷纷有了自己的图书馆，不仅有公立的，甚至还有私立的。而建于公元前 288 年的埃及亚历山大图书馆则是古代图书馆中极具代表性的存在，不仅保存了诸多藏书，而且还有很多著名的学者在这里聚集。

图书馆发展的巅峰时期则出现在 14—16 世纪，原因在于当时文艺复兴运动在欧洲出现，欧洲各国的文献藏书数量呈现几何式增长。随着我国造纸术、印刷术传入欧洲，当时人们将更多的焦点集中到图书馆的发展上面，欧洲各国都开始重视图书馆的兴建。到了 17 世纪中期，欧洲爆发了资产阶级革命以后，图书馆的发展也经历了一个新阶段。在这期间，

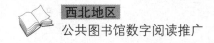

图书馆不再和皇宫、教堂捆绑在一起，而是走向社会这个更广阔的天地，慢慢公开化。

三、中国图书馆的发展

在中国，图书馆的发展所经历的过程也是极其漫长的。

众所周知，甲骨文是在殷商时期出现的，而我国最早的图书馆也是在那时出现的。当时，殷王室专门有个地方用来储藏甲骨文和典籍。从本质上来说，这就是图书馆的一种形式。到了东周春秋时期，周王室专门用一个地方来保存文献资料，还有专门的人员来对王室所收藏的文献资料加以管理。《史记》中的记录显示，在履行"守藏室"职责的人员名单中，就有思想家、哲学家老子，他的主要职责在于对周王室的文献藏书加以管理。

秦朝建立以后，开始向周朝学习，在皇宫内成立藏书机构，还设立了"柱下史"专门负责对王室的藏书加以管理。到了汉朝，王室藏书机构的规模日益壮大。在我国发明了造纸术和印刷术以后，王室的藏书越来越多，而民间私人藏书的规模也不断壮大。尤其是到了宋代，雕版印刷术和活字印刷术的发明，对我国图书馆的发展起到了莫大的推动作用。在这期间出现了很多书院，像白鹿洞书院、岳麓书院等。在我国图书馆的发展史上，它们的功绩是不可磨灭的。

我国皇家图书馆自元代以后发展势头强劲，尤其是到了明代，由于《永乐大典》被收藏在文渊阁，皇家图书馆的中心一度转移到这里。到了清代，文渊阁、文汇阁、文津阁等都是非常典型的皇家图书馆。与此同时，民间私人图书馆也发展得很快，主要代表有天一阁、绛云阁、汲古阁等。

历史的车轮来到近代，在西方资本主义文化的冲击下，传统图书馆的不足之处慢慢显现出来，开始跟不上社会的发展。我国图书馆事业也在这时迎来了一个重要的历史转折点，开始出现面向公众的图书馆，像1849年建立在上海的"Book Club"，后来更名为"Public Library, S.M.G"，即"工部局公共图书馆或工部局公众图书馆"。与此同时，当西方文化持续传到我们国家，我国古代的藏书楼和西方图书馆之间来了个大交融，一批新型藏书楼出现。它们带有强烈的西方文化特色，像兴建于 1847 年的上海徐家汇天堂藏书楼等。

1909 年，我国正式成立了京师图书馆（现名中国国家图书馆），1912年，它的受众群体变成公众。在我国近代图书馆事业的发展过程中，这一事件具有里程碑式意义，代表着我国图书馆发展进入一个新阶段。

时间来到 21 世纪，当科技的发展日新月异，图书馆不管是在存在形式上面，还是在功能上面，都有了不一样的发展。在这期间，图书馆事业的发展出现新形态，出现了电子图书馆、数字图书馆，而图书馆不再只是对文献资料加以保存，还极大发展了信息资源开发和传输技术。同时，图书馆不再受地理空间的约束，慢慢走向全世界，走向网络化。

第二节　图书馆的构成与类型

一、图书馆的构成

通常说来，图书馆主要由以下五个要素构成：

（一）建筑和设备

对于图书馆来说，一个非常重要的物质基础就是建筑和设备。建筑、设备要与图书馆文献信息的具体情况和图书馆的职能相符。只有当图书馆建筑合理、设备标准，才能让图书馆工作顺利开展下去，让图书馆的社会功能更有效地发挥出来。

（二）文献信息资源

文献信息资源是指所有保存和链接在图书馆的不同种类的文献信息。图书馆得以存在和发展的基础就是文献信息资源。

过去保存在图书馆的主要是纸质的图书、期刊等文献，而到了现代，图书馆还将计算机可读信息、多媒体信息以及不同种类的数据库涵盖在内。

（三）技术方法

要想将图书馆工作开展好，一个极其重要的手段就是技术方法。图书馆的作用能否更好地显现出来，主要由工作人员能不能将更科技、前沿的技术方法掌握到位来决定。图书馆要想持续发展下去，一个重要的后盾就是技术方法的发展。图书馆技术方法涵盖的内容很多，像收集整理文献信息的技术方法、管理图书馆的技术方法、为读者提供服务的技术方法，以及通过信息技术手段，集约化管理图书馆的方法。

（四）工作人员

工作人员是指管理和组织图书馆活动的人，是联系文献信息和读者的媒介。图书馆工作开展得如何，图书馆能发挥多大的社会作用，都由图书馆工作人员的业务素质、道德素养、服务水平等因素来决定。

（五）用户（读者）

图书馆主要为用户提供服务，它的服务范围是非常广泛的，即将图书馆资源派上用场的所有社会成员，不管是个人，还是集体，都是图书馆的服务对象。图书馆工作主要就是让更多用户加入进来，对用户加以分析，给用户提供更好的服务等。

图书馆的五个要素之间具有依存性和促进性，图书馆这个整体就是由这些要素组成的，而图书馆工作人员是其中的决定性要素。由于图书馆的所有活动都是由图书馆工作人员组织和开展起来的，所以他们采取什么样的工作方式以及运用什么样的形式来保存文献信息资源，决定了图书馆可以发挥多大的社会价值。

二、图书馆的类型

目前国际上还没有统一的划分图书馆类型的标准，而在我国，划分标准则主要由图书馆的隶属关系，再和图书馆的性质、用户群和馆藏文献范围等标准结合在一起共同决定。现如今我国图书馆主要有这样几种：国家图书馆、公共图书馆、科学和专业图书馆、高等学校图书馆、儿童图书馆等。而在这些不同类型的图书馆中，国家图书馆、高等学校图书馆、科学和专业图书馆被公认为是我国整个图书馆事业的中流砥柱。原因在于这三大系统图书馆拥有丰厚的馆藏文献和较强的技术实力，还承担着文献资料中心、协调中心、研究中心等主要职能。

（一）国家图书馆

国家图书馆是以公众为服务对象，由国家组织的中心图书馆，承担着国家总书目库的职能，它可以有力地推动国家图书馆事业的发展，指导一个国家不同类型图书馆的发展。如今全世界建有国家图书馆的国家共有100多个，这些国家的图书馆的类型也是多种多样的，具有公共性质的国家图书馆是其中最主要的类型。

像美国国会图书馆、日本国立国会图书馆等，其国会图书馆和国家图书馆是一体的。如果参考标准是馆藏文献量和图书馆工作人员的数量，那么现如今世界上最大的国家图书馆就是美国国会图书馆，各类收藏达1亿2100万项，而通过多媒体形式保存的书籍则占到2/3以上。

像北欧丹麦的哥本哈根大学图书馆、挪威奥斯陆大学图书馆等，其高等学校图书馆和国家图书馆是一体的。

而像罗马尼亚科学图书馆，其科学和专业图书馆和国家图书馆是一体的。

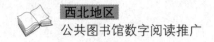

（二）高等学校图书馆

高等学校图书馆是一种带有学术性质的机构，主要服务于教学和科研。支撑现代化大学发展的三大要素是具有现代气息的图书馆、最前沿的实验设备，以及师资力量顶尖的教师队伍。

因为高等学校可划分为综合性大学、专科性大学、文科大学、理科大学等，所以其图书馆也据此分为综合性、专科性、文科、理科等不同类型的图书馆。

高等学校图书馆主要给学生和教师提供服务，服务对象一般具有比较一致的文化水平。当教学活动发生变化时，读者的需求也会跟着发生变化，并呈现出显著的规律性。而且，大部分高等学校图书馆拥有很多藏书，特别是有很多教学参考用书，和系（所）资料室一起形成校内图书资讯网。作为高校的一个重要构成部分，高等学校图书馆一定要向高等学校的基本任务看齐，以教学和科研为中心提供不同形式的服务。最近这些年以来，很多高等学校图书馆逐步开放面向整个社会，服务于社会性读者。

（三）科学和专业图书馆（包括信息中心）

科学和专业图书馆是专门图书馆的一种，本专业的信息中心通常也在这里。我国的科学和专业图书馆主要包括中国社会科学院系统图书馆、中国科学院系统图书馆、政府部门所属研究院（所）图书馆等。

第三节　图书馆的服务理念

一、图书馆服务的概念

《中国大百科全书·图书馆学、情报学、档案学》是这样界定图书馆服务的概念：图书馆将自身的馆藏和设备派上用场，为读者提供文献和情报。图书馆服务有时也可以叫作图书馆读者工作。其概念往外延伸，则可以理解为现代图书馆既以借阅的形式提供印刷型书刊资料给读者，又给读者提供参考查询、情报检索、缩微复制、文献情报知识宣传等服务。

公共图书馆要想很好地发展下去，其根本就在于服务。在图书馆工作中，要想让图书馆服务变得高效、卓越，一个很重要的要素就是前沿的服务理念，行动会受理念的指导。不管是国际的，还是国内的公共图书馆，其服务理念都在持续发展中。在定义图书馆服务的概念时，不同的学者给出了不同的答案。下面选取一些比较典型的内容。

（1）图书馆服务主要面向的是读者，进而将图书馆的现实意义表现出来。在图书馆开展的多项活动中，读者和社会的需求都因此得到满足。图书馆服务涵盖这样三个要素：一是图书馆主要给读者和社会提供服务；二是图书馆的内容是图书馆资源；三是将图书馆要达到的目的体现出来。

（2）图书馆的文献量很多，以不同读者的需求为依据，将图书馆资源派上用场，让读者的文献和信息需求得以满足。而且，图书馆还整合了读者服务、读者工作和图书馆服务，从而让图书馆高效运行起来。

（3）图书馆将图书馆资源派上用场，对读者的信息需求加以满足，不同的智能就在这个过程中体现出来。

（4）图书馆在开展工作时，是以读者的信息需求为中心进行的，服务有这样两种之分：一是提供信息资源方面的服务；二是提供信息咨询方面的服务。图书馆服务的价值，不仅体现在对读者信息需求加以满足，还体现在图书馆的服务理念、服务水平、环境，以及图书馆工作人员的专业素养等方面。

（5）图书馆的服务建立在馆内的基础设施、有关设备和馆内资源上，以实实在在的服务让读者的需求得到满足。所以，图书馆是用来开展服务活动的，图书馆可以让读者的精神需求得到满足。

（6）现代图书馆服务主要可分为这样四大类：一是以休闲场所为对象所提供的服务活动；二是以学习场所为对象所提供的服务活动；三是以

文化信息中心为对象所提供的服务活动；四是以营销机构为对象所提供的服务活动。不同的图书馆服务的实现，是以特定的服务项目为依据的。

（7）图书馆将更多的文献信息资源提供给社会和读者，这是图书馆独有的活动内容。

通过对不同学者给图书馆服务所界定的概念进行分析后发现，图书馆服务主要体现在一下几个方面。①服务对象。图书馆是给谁提供服务的，也就是谁是使用图书馆服务的人，其中，占据主体地位的是不同的社会群体。②图书馆资源。只有有了图书馆资源，图书馆后续的服务工作才能顺利进行。图书馆形成的根本前提是图书馆资源，包括人力、设施、信息等可为社会和个人所用的所有资源。③服务需求。这里主要说的是文献信息需求。当然，其他种类的服务需求也包括在内。④让服务得以变成现实的多种服务形式。要想让社会和用户的需求得到满足，就必须具备有效的服务方式。所以，图书馆服务是图书馆将自身所拥有的资源派上用场，运用不同形式，让社会和用户的需求得以满足的所有服务性活动。这些定义是着眼于未来的，不仅和现如今图书馆服务工作的具体情况相符，也和图书馆将来的发展趋势相符，指明了图书馆将来的发展方向。

二、国外图书馆服务理念

1.《公共图书馆宣言》提出"平等免费服务"

《公共图书馆宣言》问世于 1949 年，发布者是联合国教育、科学及文化组织，并于 1972 年进行了第一次修订，1994 年又进行了第二次修订，发布者为联合国教育、科学及文化组织和国际图书馆协会联合会。《公共图书馆宣言》共包括七个部分，而其中阐述公共图书馆服务理念的部分则是最为重要的，其强调："作为人们获取知识的关键通道——公共图书馆成为个人和社会群体终身学习、自我决策和文化发展得以实现的根本前提。"

《公共图书馆宣言》中"公共图书馆"部分指出："所有人都有权享

受公共图书服务，不受任何其他条件的限制。对于确实事出有因，没办法享受到常规服务和资料的用户，像残疾用户、囚犯、病人等，一定要给其提供专门的服务。""公共图书馆所提供的服务从原则上来说应该是免费的。"同时，对于公共图书馆的十二个重要职责，《公共图书馆宣言》也明确指出来了。

2. 阮冈纳赞的"图书馆学五定律"

在印度图书馆界甚至国际图书馆界，阮冈纳赞都是极负盛名的图书馆学家。1931 年，在其所著的极富影响力的《图书馆学五定律》（*The Five Laws of Library Science*）一书中，阮冈纳赞提出了"图书馆学五定律"。

第一定律：书是为了用的。对图书馆的属性和职责进行了论述，指出图书馆工作的着眼点在哪，要达到什么样的目标。图书馆的主要职责是为了更好地使用图书，而不是保存图书。

第二定律：每个读者有其书。要求图书馆的服务对象涵盖所有人，让每个人都有权使用图书，让所有人都和书有关联，图书馆可以给所有人提供服务。在阮冈纳赞看来，要想让第二定律变成现实，起主导作用的是国家和图书馆，其次是图书馆工作人员和读者。

第三定律：每本书有其读者。要求给每本书找到相应的读者。为了让第三定律得以实现，图书馆将开架借阅制当作主要方式。开架借阅制会让藏书的利用率得到很大程度的提升。为了让每本书都有相应的读者，图书馆还采取了参考咨询服务这项举措。图书馆可以适当地派一批图书馆工作人员在馆内流动作业，给读者提供咨询服务，让读者正确地使用书目，选择自己想要的图书。这不仅仅是图书馆为了完成宣传工作所要做到的内容，而且也是图书馆为了让"每本书有其读者"的可能性提高时常会运用的方式。

第四定律：节省读者的时间。让读者的时间不被浪费，就是让社会的金钱不被浪费，即让社会的财富上升。相比闭架借阅制，采取开架借阅制可以大大缩短读者查找图书和借阅图书所需的时间。第四定律不仅注重运用开架借阅制，还注重运用目录工作、参考咨询服务、科学排架等多种方

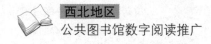
式来节约读者的时间。

第五定律：图书馆是一个生长着的有机体。当图书馆作为一种机构时，其就相当于一个持续向上的有机体。图书馆这个整体包括藏书、读者和图书馆工作人员这三个蓬勃生长的部分。阮冈纳赞曾说过："图书馆这个正处在生长期的有机体还会经历什么样的发展过程，我们是没办法提前预测的，而以印刷图书以外的方式能否让图书馆传播知识这一主要功能得以变成现实，我们也没办法预测。可是最起码我们已经看到这样一个事实，从图书馆这个有机体中已经剥离出不同种类的图书馆，而且我们完全可以相信，图书馆作为世界性传播知识的一种手段，终有一天，其基本准则会在图书馆将来的发展过程中体现出来。"

阮冈纳赞提出的"图书馆学五定律"有"我们职业最简要的陈述"之称。直到现在，其精华仍然在有效地指导图书馆工作。

《未来的图书馆：梦想、狂想与现实》由美国学者戈曼著，并于1995年出版，其中就包括新的图书馆学五定律，也就是：图书馆服务的宗旨就在于服务于人类文化素质；对各种知识传播形式了如指掌；运用科技来让服务水平得以提升；保证知识可以自由地存，自由地取；对过去予以最大程度的尊重，努力开拓未来。

对于阮冈纳赞"图书馆学五定律"和戈曼新的图书馆学五定律中有关图书馆服务的精神，南开大学柯平教授进行了再次提炼，并和现代图书馆服务的发展需求相融合，提出图书馆服务的五定律，即：用心服务每一个读者或用户；将"效率、质量和作用"合为一体；让读者或用户的水平得以提升；确保知识和信息可以自由地存取；对人类文化加以传承。

三、国内图书馆服务理念

1. 民国"新图书馆运动"时期图书馆学家提出的服务理念

"新图书馆运动"是一个在全国范围内展开，并慢慢推广开来的近代图书馆运动，发起人是中国图书馆学家、中国首位获得图书馆学专业学位的沈祖荣先生，发起时间是1917年，持续的时间长达十年之久。他在全国各地奔波，致力于美国图书馆学的理念、技术和方法的宣传工作，对封建藏书楼的保守加以攻击，深刻影响了国内初步建立的近代图书馆系统，让图书馆惠及所有人，图书馆藏书愈加科学，以及图书馆的管理更科学。

图书馆学家、目录学家李小缘，以及图书馆学家、图书馆学教育家刘国钧等都是领导了"新图书馆运动"的出类拔萃的人物。

2. 中国图书馆的服务理念

1949 年以后，公共图书馆始终坚持"服务工农兵、服务科学研究"的宗旨，服务实行全免费。20 世纪 80 年代末至 90 年代，新问题出现了，各地公共图书馆进入这样一个发展时期，服务要收费，文化和经济全面结合。

进入 21 世纪以后，不管是在理论研究层面，还是在实践层面，公共图书馆都有了很大的变化，各级政府开始有了公益文化理念，图书馆的服务正在先进观念的引导下前进。

（1）《中国图书馆员职业道德准则（试行）》。

2002 年，《中国图书馆员职业道德准则（试行）》出台，颁布者是中国图书馆学会，其中对图书馆员提出了如下要求：①确立职业观念，履行社会职责。②适应时代需求，勇于开拓创新。③真诚服务读者，文明热情便捷。④维护读者权益，保守读者秘密。⑤尊重知识产权，促进信息传播。⑥爱护文献资源，规范职业传播。⑦努力钻研业务，提高专业素养。⑧发扬团队精神，树立职业形象。⑨实践馆际合作，推进资源共享。⑩拓展社会协作，共建社会文明。

（2）《图书馆服务宣言》。

中国图书馆学会于 2008 年 10 月公布了《图书馆服务宣言》。该宣言中声明，经过不断的努力，中国图书馆人一步步将图书馆面向全社会开放、平等服务、以人为本的根本原则确立下来，而且对图书馆的服务目标进行了拆分，分成这样七个层面：① 图书馆是一个面向公众的知识和信息中心。② 图书馆对所有读者一视同仁。③ 在服务和管理中，图书馆将人文精神贯彻到位。④ 图书馆所提供的服务是卓有成效的、专业的、优质的。
⑤ 图书馆共享信息资源。⑥ 图书馆尽可能推动全民阅读。⑦ 图书馆与所有致力于图书馆事业的组织和个人开展合作。

（3）《公共图书馆服务规范》（GB/T 28220—2011）。

国家质量监督检验检疫总局、国家标准化管理委员会通过国家标准的形式于 2012 年 5 月 1 日将《公共图书馆服务规范》公示出来，细致地、具体地对公共图书馆的服务提出了规范化的要求。

（4）《中华人民共和国公共图书馆法》。

在 2017 年 11 月 7 日召开的第十二届全国人民代表大会常务委员会第三十次会议上，《中华人民共和国公共图书馆法》获得通过，2018 年 1 月 1 日，这部法规开始实行。《中华人民共和国公共图书馆法》第四章明确规定了公共图书馆服务要如何开展：公共图书馆应当按照平等、开放、共享的要求向社会公众提供服务。此外，还明确规定了公共图书馆免费服务项目、开放时间、要履行的服务功能等。

在我国公共图书馆的服务工作中，可以看到有这样一些服务理念：以人为本的服务理念、信息资源共享的服务理念、免费开放的服务理念、重视新技术的服务理念、广泛平等的服务理念、无障碍的服务理念。接下来我们将和具体案例结合在一起，对其加以阐述。

3. 中国当代公共图书馆服务理念的应用与实践

（1）以人为本的服务理念。

《图书馆服务宣言》指出，图书馆的所有工作要着眼于读者需求。注重人这一服务理念就代表着公共图书馆在开展工作时，要始终围绕读者需求来进行。图书馆的生存和发展都取决于读者这一要素。在我国公共图书馆中已经开始大范围运用这一理念。

第一，图书馆在设计服务活动时，要始终关注读者的需求。很多图书馆的开放时间要比之前长，全天候借还书等多种服务通道都开通了，一些图书馆为了让读者借阅更方便，采用了前沿的技术手段，比如上海图书馆就运用了网上委托借书的方式，苏州图书馆让社区投递图书变成现实等。

很多图书馆还提供"你选书、我买单"的图书荐购服务。

第二，围绕用户需求开展读者服务活动。当民众越来越渴求讲座服务时，很多图书馆就顺应形势，开展了公益讲座活动，并形成自身的品牌效应。比如，上海图书馆的上图讲座就是其中最具代表性的一个。自 1978 年成立以后，它就有了"城市教室"之称，现今已有 6 大板块、18 个系列。其最突出的特色就是以社会公众为对象，影响了长江三角洲地区 18 个城市乃至全国图书馆界，还研发出参考文摘、讲座专刊等诸多讲座产品，2012年 12 月，中国国家图书馆牵头成立了全国公共图书馆讲座联盟，讲座联盟网站也随之开通。

很多图书馆不仅开展讲座，而且还采取各种方式，以信息素养、实用技术、知识水平等提升为中心，开展了多样化的读者培训，此外还开展了不同种类的人性化服务，如经典研读、图书推荐等。

第三，提供特殊服务给弱势群体。弱势群体是以人的社会地位、生存情况为依据来判定的一个虚拟群体，而不是通过生理和体能情况来判定的，是社会中一些缺少能力、生活难以为继、极易被排除在社会主流以外的人的统称，比如老年人、儿童、下岗职工、进城打工人员、失业者，以及在劳动关系中处于弱势地位的人。公共图书馆有义务给弱势群体提供保障性服务。比如，我国修建了中国盲文图书馆，并面向公众开放；各公共图书馆都成立了视障读者阅览室、少年儿童服务区等。

（2）重视新技术的服务理念。

《中华人民共和国公共图书馆法》明确规定，"国家构建标准统一、互联互通的公共图书馆数字服务网络，支持数字阅读产品开发和数字资源保存技术研究，推动公共图书馆利用数字化、网络化技术向社会公众提供便捷服务。政府设立的公共图书馆应当加强数字资源建设、配备相应的设施设备，建立线上线下相结合的文献信息共享平台，为社会公众提供优质服务。"随着现代化技术持续向前发展，公共图书馆开始使用手机图书馆、云计算等前沿技术。各级公共图书馆建立了具有自身特点的数字化服务网络，将微信、网站等网络平台派上用场，进行全面的管理和服务活动，让公共图书馆的管理水平和服务水平都有了很大的提升。而且，很多城市都建设了区域性公共图书馆服务网络，文献可以通借通还了。

（3）信息资源共享的服务理念。

图书馆本着自愿、平等的理念，让图书馆之间或图书馆与其他机构之间形成协作的关系，将不同的技术、手段派上用场，对共同信息资源加以建设和使用，尽可能让用户信息资源需求得以满足的所有活动就是信息资源共享。《图书馆服务宣言》第五个目标是这样说的，"图书馆共同建设、共同享用信息资源，不同地区、不同类型的图书馆加大合作，推动更好地使用整个社会的信息资源。"《中华人民共和国公共图书馆法》第三十条指出，"公共图书馆应当加强馆际交流与合作。国家支持公共图书馆开展联合采购、联合编目、联合服务，实现文献信息的共建共享，促进文献信息的有效利用。"

任何独立的图书馆都没有强大的资源建设和服务水平，但得益于现代信息技术，使信息资源共享得以实现，图书馆服务水平得到提高，整个社会信息需求得到满足，这是时代发展的必然。最近这些年，我国公共图书馆的资源共享活动的成绩是显著的，全国文化信息资源共享工程、全国公共图书馆讲座联盟、全国图书馆联合参考咨询联盟等应运而生。一部分大中城市成立了各级公共图书馆服务网络，让区域内的资源和业务都整合在一起，一馆办证多馆借书、还书的目标得以实现。

（4）广泛平等的服务理念。

《图书馆服务宣言》是这样阐述第二个目标的：图书馆平等对待所有读者。不同种类、不同级别的图书馆形成图书馆体系，确保所有社会成员都可以享受到同样的图书馆服务。广泛平等的服务理念致力于这样两个方面：一是范围足够大，二是人人平等。

广泛的特征是指图书馆会在各个基层提供服务，民众不用出远门就可以享受到图书馆服务。联合国教育、科学及文化组织 1998 年的统计数据显示：每 2.2 万个法国人就有一所图书馆，每 2.6 万个意大利人就有一所图书馆，甚至每 1 万个英国人、每 6600 个德国人就有一所图书馆。而中国这个数字则是 50 万人。在专家的持续呼吁下，国家开始越来越重视建设公共图书馆。2003 年，深圳提出要建设图书馆之城，到 2012 年，已建了 638 所公共图书馆，深圳每 1.5 万人就有一所图书馆。2012 年 4 月 23 日，深圳图书馆对外公开了图书馆之城的一体化标识，统一服务平台也开启了，市、区、街道等各级 327 家图书馆实现信息贯通、共享资源、一证通行，这就意味着深圳图书馆之城已经建设完毕。

全国公民都有权利使用信息资源，而图书馆则有义务提供信息资源，公共图书馆不应该排斥任何读者（用户），这体现了其均等化的特性。

（5）免费开放的服务理念。

公共图书馆广泛平等的服务理念要想变成现实，一个最大的前提就是免费开放。曼彻斯特公共图书馆作为全球首个公共图书馆，从成立开始就坚持免费开放，而在中国，这个服务理念的形成则经历了一个漫长的发展过程。20 世纪八九十年代，我国采取的是以文补文的方式，进入 21 世纪以后，我国开始受到国外先进服务理念的影响，深圳图书馆馆长吴晞于 2006 年提出新图书馆要坚持免费开放的图书馆理念，使过去图书馆的上网计时费、借书证工本费永远成为历史。

2017 年，深圳公益性文化场馆全都对公众敞开，使得深圳成为我国最早实行文化场馆免费开放的城市。

2011 年，中华人民共和国文化部、中华人民共和国财政部共同颁布的《关于推进全国美术馆、公共图书馆、文化馆（站）免费开放工作的意见》中提出了这样的要求：到 2011 年底，全国所有公共图书馆、文化馆（站）实现无障碍、零门槛进入，公共空间设施场地全部免费开放，所提供的基本服务项目全部免费。我国公共图书馆免费开放由此在国家政策上获得了支持，公共图书馆免费开放也因为《中华人民共和国公共图书馆法》的施行而有了法律上的依据。

（6）无障碍的服务理念。

无障碍服务是指信息服务机构充分创造和利用条件，帮助残疾人更好地融入这个社会所采取的一种方式，主要集中在信息通信技术和互联网两个领域。《公共图书馆宣言》指出："对于事出有因，没办法使用正常服务和资料的人，像残疾人等，公共图书馆有义务向其提供特殊的服务和资料。"《中华人民共和国公共图书馆法》规定："政府设立的公共图书馆应当考虑老年人、残疾人等群体的特点，积极创造条件，提供适合其需要的文献信息、无障碍设备和服务等。"

最近这些年以来，在给残疾人提供无障碍服务方面，我国公共图书馆采取信息技术和上门服务等多种方式，成效显著。比如，首都图书馆建设无障碍图书馆，将点显器、助视器等设施引入馆内，从而给盲人读者提供方便。

第四节　图书馆服务工作的内容

在图书馆所开展的不同业务中，以服务为中心形成了一个多样化的、完善的工作系统，具体包括这样五个层面。

一、研究读者工作

图书馆服务要想持续发展下去，一个根本的前提就是对读者进行研究，具体可从下面两个方面进行：一是读者对文献有什么样的需求，二是读者在阅读上有什么规律可循。图书馆致力于给读者提供服务，这是图书馆存在的根本。读者对图书馆文献信息的需求可以将社会信息需求最有效、最直接地反映出来。图书馆存在的前提就是读者，图书馆工作当然要以读者为中心进行。

在读者中进行调研，有益于图书馆管理人员对读者的需求、读者的性质、读者需求的规律等有个总体上的了解，可以使图书馆服务的关联性更强。同时，对读者的阅读动机加以科学引导，可以使图书馆服务的内容愈发广泛，对服务方式加以改进，可以使读者服务领域更广，让图书馆服务工作水平更高。

二、组织读者工作

图书馆为了让服务和管理目标得以实现，所采取的一系列关系到服务运营的管理行为就是组织读者。其要完成的具体职责就是创建读者群，发展读者群，对读者服务内容加以确立，让读者服务范围以及服务优先级清晰化，拟订发展计划，将读者开发和注册工作做到位，对读者种类加以划分，对读者的精神需求加以鉴别，对读者加以组织和平衡等。

组织读者要以图书馆工作的改变为依据，予以实时改变，要对读者的情况进行持续性研究，对读者的变化了然于胸。只有对读者的阅读习惯和需求有深刻的了解，才能持续提高图书馆服务和读者需求的匹配度。图书馆服务管理方式在改变时要注重规律性，要和读者需求的变化保持同步。

三、组织服务工作

通过深入细致的研究、多样化的配套综合服务，尽可能将图书馆的资源派上用场。对读者需求加以精准识别，尽可能让读者更加满意，让图书馆的社会价值目标和最终服务目标得以实现。

组织服务工作的内容所涵盖的方面也是很广的，涵盖的主要内容有：提升服务方式、拓展服务范围、多元化服务内容、提升服务水平。图书馆的性质、规模和服务对象需求等方面决定了图书馆会以何种方式给读者提供服务。

当今社会，互联网已经全面推广开来，计算机技术也有了明显提升，这就使得图书馆也开始广泛使用互联网信息技术，现代图书馆服务模式也开始转变至现代数字服务。所以，在现代图书馆服务中，要想让图书馆服务得以提升，就要致力于运用网络的力量。这一范畴的服务涵盖搜索和下载资源、资源自借、在线读者调研、电子资源数据库、个人学习空间的开辟等内容。

总的来说，影响图书馆服务的组成因素是多方面的，不仅有图书馆的

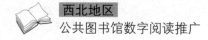

现实情况，还有社会发展程度。图书馆服务整体上的目标是尽可能减少时间成本和投入成本，给大部分读者提供最合适的信息资源。

四、服务管理工作

服务管理这项组织管理工作的核心就是馆内读者工作部门所开展的各项活动。具体来说就是：一是管理读者服务主体，二是管理读者服务人员，三是管理读者服务设施。这就要求人员分工要明确，工作职责要清晰，规章制度要科学，业务流程设计要改进，同时还要对服务方式予以优化，采用前沿的技术，完善服务体系。

在图书馆的建设工作中，这些内容都非常重要，彼此依存，相互影响。其中，所有服务工作都要仰仗读者的组织和研究。以读者为中心开展工作，将图书馆的社会意义彰显出来。在图书馆中多开展一些宣传类活动、教育类活动，可有效带动读者素质的提升，从而提高读者服务效果，增强图书馆的建设意义。

五、读者宣传辅导工作

读者宣传辅导工作的重要性也是不言而喻的，它将图书馆的教育职能更好地显现出来了。读者宣传辅导工作主要包括的内容有这样三个层面，即读者宣传、读者辅导，以及读者培训。

1. 读者宣传

图书馆在有效管理读者时，会运用到一种读者宣传辅导方式就是读者宣传，目的是在图书馆和读者之间搭建一个桥梁，让图书馆和读者之间形成双向了解。

2. 读者辅导

读者辅导是针对读者的提问予以解答。图书馆员要对本馆所拥有的资源、本馆的服务过程、读者的特点有充分的了解。当读者在使用图书馆服务时，图书馆员要对其进行科学的引导，帮助其选择到合适的信息资源，从而让读者汲取知识的效率更高，阅读效果更好。

3. 读者培训

读者培训旨在最大化利用图书馆资源，以特定读者群的需求为依据，采取多种方式让读者能更有效地使用图书馆资源。读者培训主要以这样两种方式进行：一是图书馆是读者终身学习的地方，让图书馆成为读者的"良师益友"；二是激励读者多多使用图书馆资源，以图书馆的信息检索技术为工具，满足自己的信息需求。

第五节　图书馆服务工作的原则

尽量让读者获得自己想要的信息，这是图书馆成立的宗旨所在。所以，图书馆在给读者提供服务时，要一直以"人"为核心，严格执行管理流程，并将下面这些基本原则当作根本的服务理念。

一、以人为本的原则

"以人为本"就是指图书馆所有服务都要以读者和读者需求为出发点，不仅要考虑到读者的心理和年龄特点，对资源进行优化配置，还要让资源更加丰富；不仅要本着主动、负责的态度给读者提供服务，还要尽可能给读者提供更多的图书馆信息资源。"一切为了读者"的服务宗旨和高瞻远瞩的发展眼光在这里体现得淋漓尽致。换句话来说就是，在图书馆给读者提供服务的整个过程中，读者服务都是其中的重要环节，图书馆工作也是从这里出发的。

二、开放原则

开放作为图书馆服务的一项根本原则，它和服务之间是相互依存的关系。唯有开放，才能提供服务。失去了开放这一前提条件，就谈不上

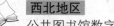
服务一说。现代图书馆在建设时，要始终秉持开放的原则，这也是时代发展对其所提出的硬性要求，而开放主要从资源、管理、时间、人员等方面体现出来。

1. 资源开放

图书馆的资源开放具体包括的内容如下：① 尽可能向读者公开馆藏资源，以图书宣传、检索体系配套化建设等形式，让读者开放、平等使用馆藏资源的权利得到保证；② 始终坚持资源共享，馆与馆之间要互通有无，让读者多方面的资源需求得到满足。

2. 管理开放

其最基本的特点就在于用户有权利参与到图书馆管理和决策中来。通过设置"读者意见箱""监督委员会"等，让读者可以充分发表对图书馆管理方面的意见，并在公开状态下主动改进图书馆服务，对用户反馈作出回应。此外，当有特别情况出现时，可以让用户参与到管理决策中来。当图书馆需要改进自身服务时，也可以将用户评价当作参考依据。

3. 时间开放

过去读者在利用图书馆获取信息时，通常会受到时间的限制，而开放原则要求图书馆将开放的时间延长。比如，实体图书馆要尽可能把休息时间安排在工作日，而让读者在节假日可以充分利用图书馆资源，而虚拟图书馆则要尽量全年无休地对用户开放。

4. 人员开放

图书馆不应该对任何一个人关上大门，要让所有对图书馆资源有需求的用户得到服务。

三、平等原则

图书馆信息服务要秉持的一项基本原则就是平等原则，现代图书馆服务要致力于向这个方向发展。平等原则主要从下面两个方面体现出来：

1. 权利平等

平等代表着对人权的基本尊重，这种尊重和身份、地位无关，更和贫富无关。图书馆"以人为本"的原则就是从保障平等权中彰显出来的，即广泛关注用户、尊重用户、保障用户的基本权利。引导公众对这种权利加以了解，就是图书馆的基本职能所在，而在这种基本职能的引领下，在传播文献信息资源时，真正保护好读者的权利，就是图书馆人的基本职业素养。

2. 机会平等

机会平等的根本就在于让用户在图书馆享受到基本权利，并尊重用户，切实保证用户在利用图书馆资源时可以被一视同仁地对待。这种平等不能只是流于形式，而要在相应的人群中予以落实，比如残疾人、阅读能力低下的群体等，只有让这些社会弱势群体的权利得到保障，加大对这些群体的培训力度，让他们掌握更多现代化信息技术，对于他们和普通人在能力方面的不同不逃避、不遮掩，提供有针对性的服务，使其可以平等享受到图书馆资源，才能实现图书馆服务真正意义上的平等。

在人文关怀中，平等是必不可少的一项，以下这些内容就是无论如何要做到的：① 尽可能拉近图书馆资源和用户之间的距离，让用户可以更便捷地获取信息资源；② 尽可能给用户创造一个可以共享资源的宽松环境，方便用户平等使用图书馆信息资源；③ 切实保障用户个人隐私，严格践行不偷听、不泄露、不窥探用户在图书馆的使用记录，尽可能让用户的多样化需求得到满足。

四、资源共享原则

当社会飞快发展，文献出版数量快速增加、信息种类急剧增加的同时，图书馆就没必要对所有的信息资源加以收集、整理和保存，而且这也会对经费造成极大的浪费。资源共享原则的出台和使用，是符合用户持续增长的信息需求的。如此一来，不仅馆与馆之间可以共享信息资源，而且单个图书馆在搜集和保存信息资源方面也可以少承受一点压力，让图书馆信息资源方面原有的作用可以充分发挥出来，尽可能对用户日益增加的需求加以满足。在传承人类知识、促进人类社会进步方面，图书馆资源共享的功劳也是巨大的。

五、满意服务原则

图书馆服务水平如何，取决于满意服务。用户对图书馆服务是否满意，满意度有多高，以及图书馆服务将来要向什么样的方向改进，都通过满意服务原则体现出来。

在认识图书馆的满意服务原则时，我们可以借助现代企业管理的顾客满意（Customer Satisfaction）理论来进行，其中包括服务理念满意度在内的三个方面。①服务理念满意度。也就是从内心来说，用户是否满意图书馆开馆初心和管理方案，以及满意度有多高。②服务行为满意度。即图书馆通过外部行为所展现出来的思想层面的服务理念，会给用户带去什么样的心理预期。③服务视觉满意度。图书馆所有可以直观呈现出来的外在形象，即"服务视觉"，如图书馆员的职业形象、图书馆的设施和环境气氛等，而服务视觉满意度则是指这些表露在外的因素会让用户心理感受如何，满意度有多高。

在图书馆管理中，要想将满意服务的基本理念真正落实到位，首先就是要秉持"以读者为中心"的原则，拓宽路径，改革举措，让评价指标更加完善，才能更好地满足用户的需求，提升用户满意度。

六、创新服务原则

创新的前提就是要有创新的理念，走一条专业化、品牌化、主动化的道路。展开来说就是：首先，服务中要想办法和用户的关系更近，想用户之所想，尽力让他们享受到更高质量的服务；让用户想要更快、更方便获取信息的需求得到满足，尽量突出本馆特点，给用户提供具有本馆特色的品牌服务。建立标准化的业务规范，让图书馆服务的专业化特点更加突出。其次，要对服务内容予以创新。比如提供尽可能多的参考咨询服务，提供更多的网上讯息，对用户进行有针对性的服务，将不同资源都充分派上用场，开展丰富多彩的读者活动等。最后，要对服务方法予以创新。比如将现代网络平台派上用场，让用户享受到网络呼叫服务、数据库服务、信息推送服务等。

第六节 图书馆服务工作的新特点

当现代科技的发展日新月异，网络的普及度也越来越高时，图书馆的服务也具有了新特色，具体如下：

一、服务多元化

服务多元化得益于包括计算机在内的多种高科技手段，打造了一个彻底颠覆传统图书馆信息资源开发、组织形式的网络服务平台，从而方便读者从自身需求出发，享受到信息资源一条龙服务。从时空的层面来说，读者可以从线下图书馆获取更优质的图书资源，在家也可以享受到网络在线图书馆功能。简而言之，得益于现代化的信息技术，读者不仅可以享受到多样化的服务，而且不再受时空所限，读者可以随时访问图书馆馆藏资源，并在线检索、阅读。总的来说，如今图书馆所提供的服务立体感更强，内容也更加丰富。

二、服务虚拟化

当现代网络信息技术的运用面越来越广，慢慢形成了新型信息服务模式后，传统的以文献信息为主要传输路径的服务模式被彻底颠覆了。图书馆的服务并不是一成不变的，在如今这个瞬息万变的信息环境中，图书馆的服务也一直处在动态的变化过程中。图书馆在网络的作用下，不仅可以将本身所具有的数字化馆藏资源派上用场，还可以将多种互联网资源派上用场，打破时空的约束，让读者可以从图书馆获取更多信息服务。所以，服务资源的虚拟化和服务方式的虚拟化共同组成了服务虚拟化。从根本上来说，图书馆的服务对象和服务方式也有了很大的改变，之前是向某个人

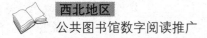

或某个群体提供文献服务，之后则是向非具体的读者提供服务；之前提供的是实体文献，之后提供的是虚拟的数字资源。

三、交流互动化

网络和通信技术双管齐下，极大地便捷了图书馆和读者之间的沟通。一是图书馆可以第一时间准确了解到读者的信息需求；二是读者可以更自由地向图书馆表达自己在信息上的需求。图书馆在获悉了读者的信息需求以后，可以通过自身的检索、筛查、整理等功能，综合处理收到的信息，之后通过多种方式和路径让读者知晓，从而让读者的需求得到更好的满足。读者因此所得到的好处也是显而易见的，既可以不受时空的限制，更便捷地获取信息，减少了一些中间环节，而且还可以和其他读者之间实现信息共享。交流互动化让图书馆和读者之间的交流更加自如。

四、文献多样化

从目前的情况来说，印刷型文献和信息化文献的发展呈现齐头并进的状态，这种发展方向必然要依托于数字资源的迅速发展。与此同时，当不同形式的信息载体进一步向前发展时，在它的作用下，纸质文献之前坚不可摧的主导地位受到严重的威胁，它也让读者使用文献的习惯和理念慢慢发生变化。读者已不满足于只使用纸质文献，而想要获取数字化、多元化的信息资源，而现代的高科技手段也让人们的这一需求得到更好的满足。图书馆的服务半径因此扩大了，图书馆的信息服务保障能力也增强了不少。

第二章
公共图书馆概述

第一节　公共图书馆的定义与发展

一、公共图书馆的定义

要论和大家亲密度最高的一类图书馆，当然是公共图书馆。公共图书馆的特点是普惠性、公开性、平等性。它是由政府或社会力量出资兴建的，并面向所有公众，有"知识的宝库""没有围墙的学校"之称。

当社会发展到一定程度时，公共图书馆就应运而生了，它体现了社会平等、公民权利等现代人文理念。公共图书馆最早出现在 19 世纪中期，1850 年，世界上第一部公共图书馆法问世。而以此为依据出现的英国曼彻斯特公共图书馆则掀开了世界公共图书馆的篇章。

从 19 世纪开始，美国各地慢慢将公共图书馆制度通过法案的形式确立下来。美国第一座公共图书馆成立于 1852 年，即波士顿公共图书馆。美国钢铁大王安德鲁·卡耐基为了推动美国公共图书馆的发展，曾捐了很多钱用来建设图书馆。

20 世纪初，我国出现第一座真正意义上的公共图书馆。诸多资料都显示，创办于 1904 年的古越藏书楼被誉为我国第一座公共图书馆，之后又相继出现了湖南图书馆、黑龙江图书馆等。而我国的公共图书馆制度则于 1910 年由清学部公布，明确公共图书馆面向的对象是所有公众，经费则出自国库。

二、公共图书馆的发展

公共图书馆一经出现，便进入蓬勃发展期。英国公共图书馆的发展在二战后进入巅峰期，可是从 20 世纪 80 年代开始，由于英国经济严重衰退，再加上政府经济政策的变动，导致英国公共图书馆发展大不如前。

美国的公共图书馆一直走在平稳的发展道路上，早在 20 世纪 60 年代就已经具备了比较完善的公共图书馆服务系统。

中华民国国民政府自辛亥革命以后，便对民众教育格外关注，开始大力筹划建立公共图书馆。1913 年，京师通俗图书馆成立，各省也纷纷建立了地方的通俗图书馆。直到爆发抗日战争以前，公共图书馆在我国的发展都很稳定，可是由于战争的破坏，公共图书馆的发展在中华人民共和国成立前始终难以恢复元气。

1949 年以后，中华人民共和国颁布了一系列政策，公共图书馆事业重新站在了起跑线上。20 世纪 80 年代，国家"六五"计划出台，确立了要在每个县都建一座图书馆的宏伟目标，县以下公共图书馆由此走向了发展的快车道。现代公共文化服务体系于 2006 年创建。《中华人民共和国公共图书馆法》在第十二届全国人民代表大会常务委员会第三十次会议上通过以后，于 2018 年元旦开始施行。公共图书馆的发展遇到了空前的机遇。

第二节　公共图书馆的类型与划分

一、公共图书馆的类型

我国公共图书馆的建立主要包括这样几个层级：国家一级、省（直辖市、自治区）一级、县（县级市、市辖区）一级、乡镇（街道）一级、社区（村）一级和各级少年儿童图书馆。

二、公共图书馆划分的主要依据

划分图书馆类型是一项繁杂的工作。先要对当前图书馆的发展情

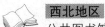

况，以及不同图书馆的结构加以了解，看不同图书馆有什么相同和不同之处，然后进行数据的汇总分析，制订出相应的方案。在划分图书馆类型时，有多个参考依据，接下来我们就对其中几个重要的参考依据进行阐述：

（1）读者的阅读需求。

之所以建立图书馆，目的在于对读者的阅读需求加以满足，更好地服务读者。所以在划分图书馆类型时，首先要考虑到读者的需求，图书馆自始至终要牢记于心的是，其工作的中心是读者，只有吸引到足够多的读者过来，图书馆才有存在的价值。所以，图书馆不仅是在制订管理方案，还是在制订资料体系时，都必须以读者的需求为中心。总的来说，读者阅读需求不一样，必然会在一定程度上左右图书馆的服务方向。

（2）图书馆的管理体制。

图书馆要定期对馆内的藏书进行整理、分类，并定期培训图书馆成员。不同的图书馆的管理体制也不一样，而管理体制会在很大程度上影响图书馆类型的划分。

（3）图书馆的藏书种类。

每个图书馆都有几本特别珍贵的藏书，图书馆可以通过本馆独有的特点，获得读者的青睐，通过分析大量数据，了解到大众的喜好，进而让馆内的图书种类可以迎合更多人的阅读需求。

（4）图书馆的资金来源。

类型不一样的图书馆，也有着不一样的资金来源。有的图书馆是带有公益性质的，其成立的初衷不是为了得到经济收益，所以在划分图书馆类型时，要考虑到资金来源这个重要依据。

三、公共图书馆类型划分的必要性

（1）突出图书馆的服务重点。

图书馆类型划分还有一大作用，那就是让图书馆的服务重点更加彰显，在选择馆藏图书时，更具有针对性，以图书馆的类型为依据，服务好相应的读者，可以有效提高图书馆的服务质量。图书馆在划分类型以后，每个图书馆的分工就会不一样，不仅承担的责任不一样，提供的服务不一样，所面对的读者群体也不一样。所以图书馆要据此调节自己的管理体制和运营系统，打破传统图书馆的桎梏，走出一条具有自身特色的创新之路。

（2）确定图书馆的工作目标。

当社会分工愈加专业化，为了满足不同人群的信息需求，就出现了不同类型的图书馆。在建设现代图书馆时，就必须要对图书馆类型进行划分，进而有利于设置图书馆的工作目标，让图书馆能长久稳定地发展下去，给读者的阅读提供方便。当然，划分图书馆类型还可以有效预防诸多问题。现如今，一些图书馆建立的初衷比较模糊，管理体制也有待完善，所以，一定要高度关注图书馆类型划分工作。

（3）加强图书馆之间的协作。

划分好图书馆的类型以后，就会增加各图书馆之间的联系，对于图书馆之间的合作是有好处的，也会更加稳定图书市场。精准的目标和分工会在很大程度上改变图书馆的管理体制，让管理制度一步步走向专业化、多样化的道路，不仅可以让图书馆工作人员的主动性更高，还可以在很大程度上提高图书馆的管理效率。此外，图书馆可以更有效地管理图书、更科学地使用资源，从而让读者享受到更优质的服务。划分了图书馆的类型以后，读者就可以从自己的需求出发，到可以满足自己需求的图书馆去，提高检索的效率。当然，图书馆类型的划分包含多个复杂因素，不仅要考虑读者的阅读需求，还要考虑图书馆的现实情况。

就目前来说，我国在划分图书馆类型时，不能只是划分图书种类。当我们迈进信息化社会时，划分图书馆类型更应该把侧重点放在图书馆的整体规划上面，让图书馆一步步走上专业化、智能化、系统化的道路。首先，各个图书馆要分工明确，打造本馆的特色服务，让读者看到其与众不同的一面。其次，各个图书馆要引进高端设备，改善读者阅读环境，让读者享受到更好的服务。最后，找准图书馆公共服务功能的定位，实现图书馆的社会服务价值。

第三节　公共图书馆的特征与核心业务

一、公共图书馆的特征

公共图书馆具有平等包容，公共、公益和专业化这样三个显著特征。

（一）平等包容

公共图书馆平等包容的涵义如下：用户可以从图书馆中享受到平等包容、一致的服务；所有人都可以享受到整个公共图书馆服务系统所提供的广泛平等的图书馆服务。

公共图书馆所面对的对象是所有社会成员，在开放时间内，要对所有人开放，而不论对方的种族、年龄、经济水平、宗教信仰等如何。

（二）公共、公益

公共图书馆来源于社会制度，在这一制度的要求下，图书馆的经费从公共税收中支出，当地居民则可以享受到来自图书馆的免费服务。每个人都有权得到知识和讯息，而确保人人都可以平等获取知识和讯息的通道则是保证公共图书馆的公共供给。站在理论的层面来说，由于公共图书馆具有公益性、公开性，所以它理应无偿给社会成员提供服务。现如今，全球的公共图书馆给用户所提供的服务几乎都是免费的。

（三）专业化

公共图书馆的专业化主要从这四个方面表现出来：

第一，只有具备专业知识，才能有效地开展公共图书馆智力型业务。

第二，将图书馆学的理论和技术手段派上用场，确保读者可以查阅并得到想要的知识和讯息。

第三，以整个图书馆业和行业组织为后盾，持续提升图书馆的业务能力。这样一来，各图书馆间应时刻保持联系，和行业组织之间更是如此。

第四，图书馆员工更专业。图书馆员工要时刻谨记职业道德规范并严格履行。各国图书馆协会所制定的职业道德规范大体上涵盖的内容如下：在知识和文献方面，图书馆专业人员要如何做；在服务用户方面，图书馆员工又要如何做，等等。相比私人图书馆，公共图书馆所遇到的问题要多得多，这都是因为公共图书馆要服务多元化的对象，不同的群体的需求又不一样。所以，相比之下，公共图书馆对图书馆员工的职业道德规范的要求更加严格。

二、公共图书馆的核心业务

从总体上来说，图书馆业务工作有这样两大板块，一是录入信息，二是输出信息。

录入信息又指文献信息资源建设，具体过程有搜集、整理、组织文献信息等。

输出信息又指读者服务工作，具体过程有阅读宣传、文献搜索、网络信息服务等。

图书馆业务工作体系主要就是由这两个部分构成。如此一来，图书馆的核心业务就可以分成文献提供、文献加工、读者活动、信息资源建设等板块。

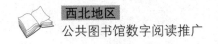

第四节　公共图书馆的职能

一、文献信息保存及传承职能

公共图书馆从成立之初就有保存文献信息，以及传承人类文化遗产的功能。

二、社会教育职能

对于公共图书馆而言，社会教育职能的重要性不言而喻。而像"社会大学""人民的终身学校"等对公共图书馆的美称，就把它的教育意义充分展现出来了。

三、文献信息传递职能

图书馆有文化枢纽的作用，如此一来，公共图书馆就必须有文献信息传递这一关键职能。

四、促进阅读职能

现代图书馆必须要肩负的一个责任就是确保民众的阅读权受到保护，提高民众的阅读兴趣。

五、休闲娱乐职能

当现代图书馆的责任范围越来越广，公共图书馆还肩负起了给大众提供休闲娱乐的责任。

《公共图书馆宣言》从这样十二个层面阐述了公共图书馆的职能：

① 对儿童的阅读习惯加以培养。② 给个人自学和参加正规教育提供最大的支持。③ 让个人创造力有机会发挥出来。④ 尽最大可能把儿童和青少年的想象力发挥出来。⑤ 让人们更加了解文化遗产，提升艺术修养，更加了解科学成果。⑥ 保证居民对社区信息了如指掌。⑦ 提供相应的信息服务给当地的企业和社团等。⑧ 通过多种形式展现文化。⑨ 推动文化间的交流。⑩ 将口述传统传承下去。⑪ 加入不同年龄组的扫盲活动中。⑫ 学会更好地使用信息和计算机。

第五节　公共图书馆的用户（读者）

一、用户（读者）释义

公共图书馆用户（读者）包括所有使用了公共图书馆资源、环境和服务的个人或团体。

二、用户（读者）的权利

通常情况下，公共图书馆用户具有如下权利：

（1）文化权利。

公民所享有的一项基本权利就是文化权利。因为公共图书馆属于公用的，所以公共图书馆用户理应享有文化权利这一基本权利，如分享文化成果权、参与文化活动权、保障文化成果权等。

（2）用户隐私得到保护的权利。

公共图书馆在给用户提供服务时，难免会涉及用户的个人信息，像用户的姓名、电话、身份证号码等，图书馆不可以向外透露这些信息，也不能因此给用户的生活造成干扰。《中华人民共和国公共图书馆法》第

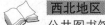
四十三条对此有明确的规定。

（3）自由获取信息的权利。

公共图书馆在给用户提供服务时，要对用户自由获取信息的权利予以尊重，要将馆内文献信息的收藏情况和服务类型、时间等信息完全披露给用户，对用户提出的任何问题都予以解答，给用户使用图书馆资源和服务给予很大程度的帮助。

（4）平等地享受公共图书馆服务的权利。

《公共图书馆宣言》中有这样一条：所有人都有权平等享受公共图书馆服务，任何因素都不能对其加以限制。公共图书馆在服务用户时，一定要遵守的一个原则就是保证公共图书馆用户在享受图书馆服务时可以被平等对待。

三、用户（读者）权利的保障

公共图书馆在保障用户权利时，主要采取了如下举措：

（1）法律保障。

公共图书馆在馆内开展工作，不仅要严格遵守《中华人民共和国公共图书馆法》，还要严格遵守其他相关法律法规（像关系到数字资源建设的版权的法律法规，关系到网络传播的法律法规等），进而让用户的权利得到保障。

（2）社会教育。

对于保障图书馆用户权利来说，社会教育显得尤为重要，原因就在于公共图书馆是一个针对所有公众的文化机构，所有人都要参与到建设中来。内部要提升馆员的法律观念，加强职业道德教育，同时要向用户大力宣扬与公共图书馆服务相关的法律、政策和业务规范，从而让用户知道如何正确维护自身权利。在全社会进行大范围宣传，从而给相关政府部门和公众科学了解公共图书馆的特点提供帮助，同时使公众对公共图书馆的工作进行全面监督，并大力支持公共图书馆的发展。

（3）服务理念。

公共图书馆一定要有先进的理念作为后盾，才能更好地开展服务工作，进而让用户的权利得到保障。

（4）技术措施。

如今的公共图书馆不管进行哪项业务，在技术上都非常成熟了，像数字版权保护、读者信息管理、数字资源的获取等，从而在自动化系统层面保障了用户的权利。

（5）行业规范。

俗话说国有国法，家有家规，公共图书馆和其他任何行业一样，同样有公共图书行业的行为准则，而公共图书馆在制定用户服务方案，提升服务水平，改善管理措施时，就要以此为依据，进而让用户的权利得到保障。比如，国家标准《公共图书馆服务规范》（GB/T 28220—2011）中明确该标准是检验公共图书馆服务效能与管理的尺度，是评估公共图书管服务水平的依据。

四、用户（读者）的培训

公共图书馆应有目的性地对用户进行培训，这不仅是公众文化需求所决定的，而且也是公共图书馆的义务所在，更是公共图书馆提升资源使用水平的有效手段。一般来说，培训的主要内容如下：

1. 图书馆资源与服务推介

对图书馆最新动态加以阐述，方便用户各取所需。

2. 图书馆基础知识

这类培训有助于用户对图书馆的概况加以了解，从而便于用户将图书馆资源为自己所用。

3. 文献信息检索技能培训

这类培训具有综合性质，对于用户信息检索素养的提升是有帮助的，有助于用户更好地掌握处理信息的方法。同时，还可以以用户的需求为依据，开展计算机运用培训工作，从而让公共图书馆的社会信誉度更高。

从培训的主要方式来看，主要有如下几种：

（1）用户所在机构的现场培训。

培训所面对的对象是某个机构的用户，可以以他们的特点和需求为依据，对课程加以设计，让培训师和用户之间的联动更紧密。

（2）到馆用户培训。

一是在固定的场所开展培训工作。现如今很多图书馆在培训方面都制订了严格的、周密的计划，并在固定的场所进行。二是关联图书馆平常的工作，对用户进行有针对性的指导。用户在使用图书馆资源时，可随时要求馆员提供帮助。在图书馆服务工作的前前后后，都离不开这类培训，它可以提高用户满意度。

（3）远程培训。

将不同形式的媒体和网络派上用场，开展培训工作。大部分图书馆在进行培训时，都是借助集体面授和线上教育相结合的方式进行的。

远程培训的方式有两种：

一是设置专门的网络培训平台，图书馆将制作好的培训录像、讲义上传到网上，从而扩大传播。有的图书馆还远程辅导用户。这种远程培训方式维护起来简单、代价小、服务范围大。

二是将广播电视网络派上用场，对用户加以培训。在培训用户方面，广播电视网络是新出现的平台。现如今中国国家图书馆等先进图书馆已经开始以广播电视网络的形式对用户进行培训，不仅实惠而且方便。

五、用户（读者）满意度测评

在公共图书馆服务质量评价体系中，一个至为关键的部分就是用户满意度测评，它一共分为九个过程：

1. 明确测评目的

在设计用户满意度测评方案时，先要知道为什么要测评，然后要确定测评的对象。

2. 确定测评对象

以测评的宗旨和内容为依据，在测评时选择符合要求的对象，不仅要确保测评对象具有普适性，而且具有代表性，并且测评对象和内容必须吻合。

3. 明确测评指标体系

美国最新的研究成果显示，在进行图书馆用户（读者）满意度测评时，要考量的指标有 22 个，附加指标有 8 个。

4. 问卷设计

在测评工作中，至关重要的一个过程就是问卷设计，测评工作能否实现预期目的就取决于它。问卷往往有这样一些内容：背景阐述、测评对象大体情况、测评问题等。

5. 确定抽样方法

不管什么测评，通常采取随机抽样的方式进行，而不会针对所有用户。

6. 实施调查

问卷调查的形式有很多，像面对面填写问卷、电话问卷调查、网络问卷调查等。

7. 数据整理及分析

整理收上来的问卷，先要把无效问卷筛选出去，然后对问题加以分类、整理，并以直观的形式呈现出来。

8. 编制测评报告

先做好测评统计分析，之后分门别类进行汇编。

9. 制订改进方案

以测评中出现的问题为依据，挨个论述成因，并给出具体的可执行的方案。

第三章

公共图书馆的服务

第一节　公共图书馆的服务标准

一、公共图书馆服务标准的定义

图书馆服务标准是指图书馆行业用来对本行业加以管理，进而给公众提供服务时所要遵守的标准和规范。图书馆服务往往会在开展读者服务活动和宣传活动时，对读者信息加以收集、整理，在让读者需求得到满足的同时，也让图书馆的整体水平有所提高。

公共图书馆的服务标准会对图书馆未来的发展产生很大的影响，所以图书馆要从实情出发，制定对应的服务标准，保证图书馆运行正常并得到进一步发展。图书馆服务标准的制定所产生的影响是非常深刻的：首先，通过对公共图书馆服务进行仔细剖析，可以让图书馆管理人员的主动性更强，及时发现问题，提升服务标准；其次，对图书馆服务标准加以制定，并予以改革，不仅可以合理化图书馆整体制度，还可以让阅读者的阅读情感更浓烈；再次，公共图书馆在制定服务标准时，还会波及图书馆中的其他领域，可有效指导项目和资源管理制度；最后，图书馆稳定长久发展的一个标准其实就是公共图书馆服务标准，只有在标准的引领下，图书馆才能对其自身的发展目标有深入的了解。

二、公共图书馆服务标准的发展

（一）适合国情的服务标准

我国的公共图书馆还一直使用的是过去的图书馆服务标准，没有过多关注读者的需求，在评估时将重点放在了图书馆的总体条件上，这对于公共图书馆的长久发展是没有好处的。在制定公共图书馆服务标准时要考虑到当地的实情。

我国占地面积广阔，人口基数大，每个地域的特点也各不相同。所以在对公共图书馆服务标准加以制定时，一定要将当地受众的具体情况以及当地的经济发展状况都考虑进去，汲取经验，制定出和我国国情相符的服务体系。

（二）与时俱进、不断优化

公共图书馆的服务标准制定好以后，在执行时也要和时代的发展保持同步，不断改进标准和执行过程。只有持续改革，主动求变，及时发现问题、解决问题，才能和客户需求更相符，和经济发展实情更贴合，建设出更具有现代气息的公共图书馆。

（三）保证弱势群体的权利

公共图书馆中的资源是面向所有公众的，所有公民都可以平等享受，不受身份、地位、民族等多种因素的限制。所以，在对服务标准加以修订、完善时，不能忽视弱势群体。

第二节　公共图书馆的服务资源与效能

一、公共图书馆的服务资源

公共图书馆的服务资源主要包括以下四种：

1. 公共图书馆馆藏文献资源

每个公共图书馆都要按照相关规定，珍藏非常宝贵的文献资料。这些

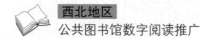

文献资源中还要有一定量的少数民族文献，方便公众查阅。此外，呈缴本在入馆时，也要履行相关制度，其所占数量要比地方出版物高七成以上。同时，对于本地区政府出版的刊物，公共图书馆也要予以保存，方便公众了解公共信息。

2. 公共图书馆硬件资源

硬件资源指标包括这样三个方面，分别是馆舍建筑、建筑功能整体格局以及电子信息设备数量。要求阅览室的信息点设置应不少于阅览座位的30%，如果具备条件，公共图书馆还要提供无线网络服务。

3. 公共图书馆经费资源

公共图书馆经费资源主要是政府出资购买文献的费用。这个费用要和财政收入的上升保持同步。

4. 公共图书馆工作人员

公共图书馆中无论是管理人员还是工作人员，都要经过相关培训，具备相应的道德理念和专业素养，才能更好地为读者提供服务。在一个公共图书馆中，技术人员的数量要占到所有工作人员的75%以上，如果这个公共图书馆位于少数民族地区，工作人员还要对当地的民族语言有所了解，才能更好地服务读者。

二、公共图书馆的服务效能

公共图书馆的服务效能是指在对用户需求加以满足的过程中，公共图书馆所投入的资源展现出的水平，主要指标有基本服务、服务效率和延伸服务等。

1. 公共图书馆的基本服务

公共图书馆的基本服务包括检索、文献借阅、参考咨询、举办讲座等。

公共图书馆在提供服务时，在时间上也有硬性规定：省一级图书馆每周至少要开放64个小时以上，地一级图书馆则要求开放60个小时以上，县一级图书馆则要求开放56个小时以上。而专门针对儿童的独立图书馆，则要求开放时间要大于等于40个小时。

2. 公共图书馆的服务效率

可以体现公共图书馆的服务效率的指标有文献处理时间、馆藏外借量、文献提供反应时间、人均借阅量等。

图书馆的文献中具有时效性的报纸和期刊，通常要求在当天或两天内上架，而图书的上架时间则因为地域有所不同，一般县级图书馆要求 7 天内上架，地级则是 15 天，省级则是 20 天。开架的书籍文献资源则要根据《中国图书馆分类法》予以分门别类摆放。根据图书馆规模的不同，对整体书籍排架的错误率的要求也不一样，省级要求错误率不能高于 4%，地级则不能高于 5%，县级则不能高于 6%。公共图书馆可以运用多种方式给用户提供咨询服务，像当面咨询、电话咨询等。

3. 公共图书馆的延伸服务

公共图书馆可提供这样两类延伸服务，一是远程服务，二是个性化服务。这样不仅可以让读者在阅读时不受时空的限制，而且还可以让读者获得更具有针对性的服务。

第三节　公共图书馆的服务内容

一、公共图书馆的服务划分

1. 从服务功能上划分

公共图书馆的服务可分为基本服务和辅助服务两类。像给读者提供不同形式、不同语种的借阅服务，普通的咨询类服务，举办读者活动等都属于基本服务一类。

公共图书馆免费给公众提供的服务都属于基本服务，像借阅文献、公益讲座、开放阅览室、阅读指导、公开政务信息等。同时，还要给特殊人

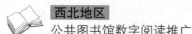
群提供相应的服务。

2. 从形式上划分

公共图书馆的服务有基础服务和高级服务之分。像借阅服务、检索服务、一般咨询服务、导读服务等都属于基础服务，而翻译服务、高级咨询服务、机构知识库服务等都属于高级服务，这是一种更专业、更具有知识含量的服务。

3. 从服务空间上划分

公共图书馆的服务有物理空间服务和虚拟空间服务之分。前者又有馆内和馆外服务之分，后者主要通过手机服务、广播电视服务等形式表现出来。

4. 从内容上划分

公共图书馆的服务可分为传统文献服务和现代信息服务。传统文献服务主要通过纸质图书和期刊的方式进行，而现代信息服务则要结合计算机和通信技术的方式进行，用虚拟信息咨询来取代传统参考咨询。

二、公共图书馆的文献借阅服务

文献借阅服务包括文献外借和阅览两方面的服务。

1. 文献外借服务

对于公共图书馆来说，一项传统服务就是文献外借。从最开始的手工借阅到如今的自助式借阅，在服务内容和方式愈发多样化的同时，也对从业人员的专业素养提出了更高的要求。

（1）文献外借的形式。

包括以个人为单位或以集体为单位的外借、馆际互借、邮寄外借等多种形式。

馆际互借是指图书馆之间以约定好的条款为依据，为了满足本馆读者需求而借阅对方馆藏的形式。主要在于可以弥补自身馆藏的不足，让读者的需求得到最大化满足。

邮寄外借是指根据《中华人民共和国残疾人保障法》的规定，免费给盲人邮寄图书。

（2）文献外借的内容。

像文献外借、文献续借等相关工作都涵盖在内。

2. 文献阅览服务

公共图书馆给读者提供的服务中，最为基本的一项就是文献阅览服务，具体是指读者可在图书馆享受阅读图书或数字资源的服务。文献阅览服务有馆内和馆外阅览之分。馆内阅览是指图书馆通常设置有多媒体阅览室、书刊阅览室等专门活动区域，不仅可以让读者在这里享受到阅览书刊的服务，还可以对珍贵的文献起到保护作用。馆外阅览流通周期较长，会对图书文献的使用造成影响，而馆内阅览服务则可在一定程度上弥补这种不足。

3. 文献借阅服务发展的保障

（1）加强基础设施建设。

文献借阅服务要想持续进行下去，就必须有完善的基础设施。在建设基础设施时，不仅要在硬件方面加大投入，确保读者的阅读空间是足够的，还要加大网络建设的力度，比如建设无线网络。同时，要设置更多方便读者的设施，像饮水机、打印机等。

（2）拓展传统服务。

公共图书馆不仅要发挥传统的借阅功能，还要以读者阅读需求为中心，开展更多服务。为了给读者检索提供方便，图书馆通常要配备专用的读者检索电脑，还要在馆内成立导读岗，给读者阅读文献提供帮助。

（3）重视新技术应用。

最近这些年以来，公共图书馆发展的一个特色就是，将现代信息技术派上用场，方便读者自助阅读。

三、公共图书馆的咨询服务

公共图书馆的一大关键业务就是咨询服务，具体是指图书馆通过比较专业的方式对读者在获取图书馆信息资源方面所遇到的问题予以解答。

公共图书馆的咨询服务面对的是所有人，服务职能是以信息咨询对象想要的方式给其提供相关讯息，此外，还要对用户进行引导，对用户的需

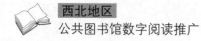

求加以满足。图书馆咨询服务的形式有很多,像信息传递、当面咨询、电话咨询、虚拟咨询等。虚拟咨询是以互联网为基础开展的咨询,要凭借网络技术进行,不仅可以利用纸质文献,还可以利用数字文献。虚拟咨询的特点有开放性、公益辅导性,服务方式具有针对性、网络性等。

1. 图书馆咨询服务的类型

(1)政府决策咨询服务。

《中华人民共和国公共图书馆法》第三十五条规定,政府设立的公共图书馆应当根据自身条件,为国家机关制定法律、法规、政策和开展有关问题研究,提供文献信息和相关咨询服务。

立法决策服务是指图书馆的参考咨询部门以及专门人员对用户在立法决策活动中所遇到的问题加以解答。

(2)普通咨询服务。

其分为向导性和辅导性两大类。有针对性地解答读者提出的有关馆藏位置和服务方位等问题,并对读者提出的普通需求予以辅导,让其在使用图书馆资源时可以更加自如。

(3)面向科研机构与企业的咨询服务。

由于科研机构和企业存在本质的差异,所以在给这两者提供咨询服务项目时,公共图书馆会采取不同的方式进行。

科研机构的咨询需求源于学科分析、知识创新等科研项目,公共图书馆一定要把他们的特定需求挖掘出来,提供更多和他们的信息素养水平相当的高效咨询服务。

企业人员的信息需求往往位于不同的层次,往往要对关系到本企业正常运行的信息都有所了解,这样才能尽可能给企业创造收益。公共图书馆在给企业提供咨询服务时,要视企业的规模和咨询需求来决定咨询方式和内容。

2. 文献的提供

公共图书馆必须要有足够多的馆藏资源,才能向外界提供文献。具体表现方式是文献传递、馆际互通有无、参考咨询等。文献资料的种类应该是多种多样的,承载方式也是五花八门的,如光盘、图书等。文献的提供可以通过快递、网络、传真等多种方式发送出去。

3. 图书馆咨询工作的流程

受理咨询：途径有书面、信件、电话、口头、网络等。

分析研究：拟订检索计划。

解答咨询：介绍参考书、文献线索，提供原始文献，提供答案和网址等。

建立档案：如实记录读者个人资料、咨询方式、解决方式、读者回馈等。

四、公共图书馆的流动服务

流动服务的对象是离图书馆很远的读者，或者是由于各种原因不能来图书馆的读者，这是图书馆拓展服务中很重要的一部分。像流动服务站就是流动服务中最常见的一种形式。

五、公共图书馆的政府信息公开服务

《中华人民共和国政府信息公开条例》第二十五条规定："各级人民政府应当在国家档案馆、公共图书馆、政务服务场所设置政府信息查阅场所，并配备相应的设施、设备，为公民、法人和其他组织获取政府信息提供便利。"为了开展政府信息公开服务，公共图书馆第一步要做的就是成立政府信息查询中心，据此进行政府信息网络服务，并持续对服务内容加以改进，提供具有自身特色的政府信息服务。

六、面向特殊群体的服务

《中华人民共和国公共图书馆法》第三十四条规定："政府设立的公共图书馆应当设置少年儿童阅览区域，根据少年儿童的特点配备相应的专业人员，开展面向少年儿童的阅读指导和社会教育活动，并为学校开展有关课外活动提供支持。有条件的地区可以单独设立少年儿童图书馆。政府设立的公共图书馆应当考虑老年人、残疾人等群体的特点，积极创造条件，提供适合其需要的文献信息、无障碍设施设备和服务等。"

公共图书馆和少儿图书馆在给读者提供服务时，要重点考虑少年儿童，

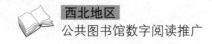
并为其提供尽可能多的服务。根据不同的年龄层次，提供有针对性的服务，并举办异彩纷呈的阅读推广活动。

对于残疾人这样的特殊群体，公共图书馆要发挥人道主义精神，在布置设施时，要将他们的身体特点考虑在内，不仅要提供一般的借阅服务，还要从他们的特点出发，为他们举办导读、培训等活动。

第四节　公共图书馆的服务宣传、监督与反馈

一、公共图书馆的服务宣传

公共图书馆在服务宣传时，要标准化推出引导标识、馆藏揭示、服务告示等。

首先，设置相关引导标识时要采用我国通用文字，标识标准要和国家标准《公共信息图形符号第 1 部分：通用符号》（GB/T　10001.1—2012）相符，要使用通用的符号，在不同的建筑之间要有相应的指示标志等，在进入图书馆的地方要有整体布局图。同时，还要将无障碍设施清晰地标示出来。

其次，公共图书馆中的服务告知要让读者对相应的服务内容以及范畴、使用规则等有所了解。如果图书馆因自身问题导致无法给公众提供服务，要提前报相关部门审核，并提早将这一情况告知给公众。

再次，随着网络的快速发展，公共图书馆要建立对应的馆藏管理制度才行。对纸质资源和电子资源进行划分，建立索引，展示给公众，从而方便公众阅读。

最后，公共图书馆要利用各种方式宣传自己的资源和服务，吸引更多读者过来阅读，提高整体的阅读素养。

二、公共图书馆的服务监督与反馈

对于服务监督和公众反馈等方面，公共图书馆要有明确的规定。像在显眼之处摆放意见箱，开通公众监督电话等。如果条件允许，还可以设置馆长接待室，举办监督讲座等。图书馆管理人员在对相关反馈信息进行处理时，要从实际出发，给予有针对性的回复。

公共图书馆需要定期调查公众满意度，最起码每年调查一次，调查时采取随机抽样的方式进行，不能影响被调查者的主观意愿。因图书馆规模不同、受众不同，在发放调查表时，数量上也会存在差异，省一级调查表要大于等于 500 份，地一级调查表要大于等于 300 份，县一级调查表要大于等于 100 份，而且回收率要大于等于 80%，公众满意度要大于等于 85%。此外，图书馆对数据整理分析以后，针对公众提出的问题要在今后的图书馆建设中予以改进。

第四章
公共图书馆的阅读推广与宣传

第一节　公共图书馆阅读推广的涵义与特点

一、图书馆阅读推广的涵义

"阅读推广"源于"阅读辅导""阅读宣传""导读"等概念。因为阅读推广活动具有很大的机动性，波及面比较广，又有比较大的延伸空间，所以可分为广义的和狭义的两种。狭义上的阅读推广是以某个特定的主题为中心开展的阅读活动，旨在让更多人喜欢阅读，让不会阅读的人学会阅读，让在阅读上困难重重的人不会再觉得困难。

图书馆的阅读推广是图书馆利用其现有的条件，为了吸引更多人到图书馆阅读，提升其阅读素养所开展的各种活动。阅读推广实施的主体并不仅限于图书馆，也可以是其他机构组织。相比教育机构让读者懂得阅读的技巧，图书馆则是普通人一辈子学习的地方，既对读者的阅读需求加以满足，也给读者提供全方位的"陪护"。在如今这个信息化高速发展的时代，图书馆更应该肩负起提升公民"数字素养"的责任，这是其他机构所不具备的优势。

二、图书馆阅读推广的特点

图书馆的阅读推广不管围绕哪个中心进行，相比其他机构，其特点都是尤为显著的。

（一）系统性

图书馆馆藏相比其他机构的阅读资源，其最大的特点是质量更有保证，权威性更高，可以将许多知识有机联系到一起。所以，图书馆在开展阅读推广活动时，可以涉足多个知识领域，面向不同水平的读者群体，阅读推广计划性强，体系更完善。

（二）全面性

阅读推广其实就是在实践中对现代图书馆的基本理念加以使用，面向的是所有公民，是具有普遍性的，特别是它没有忽视特殊群体和弱势群体，这一点更显得难能可贵。因为这些人群往往处在社会的边缘地带，时常被主流社会排除在外。

（三）专业性

图书馆学包括载体、描述、检索、资源等多方面的专业知识，内容包罗万象。在进行阅读推广时，要以不同的资源特点、组织方式、内容特点、读者群为对象，采取更适宜的推广方案，用不同的标准加以考量。图书馆学在这方面所取得的成就可展现出相应的功能，不但对阅读推广工作水平的提高有帮助，而且可以给阅读推广的分析提供一个高起点，提升阅读推广的专业性。

（四）职业性

图书馆存在的意义就包括文化传承，它自带的功能就是提供阅读。传统的图书馆尽管没有积极开展一些阅读推广活动，可是其存在本身就代表着阅读推广。到了现代，图书馆开始觉察到发展的瓶颈，积极地开展阅读推广活动，进而让图书馆的职业性更好地体现出来。

图书馆还可通过阅读推广对读者加以引导，让读者可以通过使用网络、软件以及各种数字终端设备来了解最新的数字环境。只有更好地结合阅读推广和图书馆服务，才能让图书馆有更好的发展前景，让阅读推广成为图书馆的一项主流业务。

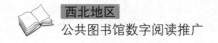

第二节　公共图书馆阅读推广的主要方式

一、图书馆开展阅读推广的书目推荐

图书馆在推荐书目时，重点要放在馆藏上，可是不能完全局限于馆藏，有这样几种书目推荐方式可以选择：

1. 读者推荐

对于图书馆来说，一项极其重要的资源就是读者，图书馆必须要充分组织读者这一资源，在进行阅读推广时，可以把读者的作用充分发挥出来，让读者进行书目推荐。

2. 新书推荐

图书馆一般会定期开展新书推荐，馆内也设有专门的新书书架，同时图书馆还在网络上加以推荐。

3. 编制主题书目

编制主题书目指图书馆从需求出发，揭示和宣扬本馆所拥有的有关某个主题的资源，虽然是用主题书目来称呼它，可是其实它不仅包括图书，还包括报纸、数字资源等。

4. 设置借阅排行榜

图书馆在推荐书目时最常用的一种方式就是设置借阅排行榜，很多图书馆都会提供不同周期的借阅排行榜。

5. 馆员推荐

图书馆员比较熟悉本馆资源，让馆员充当图书推介员，可以将馆员的积极性更大程度地发挥出来。

二、图书馆开展阅读推广的常规活动

公共图书馆在进行阅读推广时，一是会用到馆藏书目推荐这种方式，二是会举办多样化的读书活动。公共图书馆应定期举办读书活动，使之成为公共图书馆的基本服务内容，而不是偶然为之。因为要培养公众的阅读习惯，需要长期坚持，而不是举办一两次阅读活动就可以实现的。

公共图书馆面对的是所有人，而图书馆要将儿童、青少年、家长和老年人作为重点推广对象，用不同的方式对待不同的人群。

1. 面对老年人

相比较而言，老年人更关注保健方面的阅读讯息，公共图书馆有时会和老年中心等机构接洽，举办专门针对老年人的阅读活动，可采取重温过去的图书、用方言朗读经典文库等形式。

2. 面对家长

要让一个孩子爱上阅读，首先是家长要对此重视起来，所以公共图书馆要跟踪指导家长。很多公共图书馆都会举办类似的面向家长的讲座，还印发了家长手册，方便家长掌握更多帮助孩子爱上阅读的方法和技巧。

公共图书馆可以搜罗一些家庭教育的心得，制作成小册子以后发给有这方面需求的家长，不仅可以提升图书馆的声誉，而且还可以对儿童的阅读推广起到推动作用。

3. 面对儿童

公共图书馆主要通过"故事时间"来开展儿童读书活动。公共图书馆每周最起码要举办一次"故事时间"，而且是针对不同年龄层次的儿童。在这个"故事时间"中，图书馆员在讲故事时要声情并茂，结束以后还要安排相关的拓展活动，像画画、做手工等。

在安排"故事时间"时，要从各个图书馆的具体情况出发，如今很多图书馆都有这样的想法，可是却因为没有足够多的人力资源，所以只能望洋兴叹。如果有条件的话，可以请志愿者帮忙。

4. 面对青少年

公共图书馆为了推动青少年阅读，通常会运用以下三种方式：

（1）读书俱乐部。

读书俱乐部和"故事时间"还是有些许不同的，读书俱乐部的重点在于青少年就阅读经验展开沟通和交流。这些读书俱乐部不仅有线下的，还有线上的。

（2）主题读书活动。

从青少年的特点出发，围绕不同主题开展读书活动，比如北欧一些公共图书馆会举办以侦探为主题的读书活动，提前将现场布置成案发现场，请侦探小说家来引导青少年读者展开分析等。

（3）竞赛和挑战。

很多阅读推广活动设置了多种形式的比赛，像书评、制作视频等。还有一些阅读推广项目是给个人设置的，不评奖项，只设目标，只要达到目标，就有奖励。

三、图书馆开展阅读推广的大型宣传活动

公共图书馆不仅会举办一些常态化的读书活动，还会在一些有纪念意义的日子或重大节日举办一些大规模的宣传活动。

第三节　公共图书馆阅读推广活动的组织

一、年节性阅读活动

年节性阅读活动是指在国际上的，或一国的，或一个地区的特殊时间点举办的阅读活动。

1. 国际性、国家性、地区性读书节（读书日、读书月）活动

国际性年度主题阅读活动的发起人往往是一些国际组织，比如"4·23"世界读书日等。而国家性年度主题阅读活动的发起人则是国家公共管理部门、非政府组织，范围覆盖全国，像全国读书节等。地区性的主题阅读活动的发起人往往是地方政府、非政府组织，范围覆盖全地区，像阅读月活动等。公共图书馆在参与这些活动时应注意以下几点。① 主题策划。无论范围覆盖多大，这类阅读活动往往有一个大的主题，公共图书馆作为参加者之一，就是起到配合作用，不需要再重新策划。② 活动组织。围绕一个主题可设计的活动内容是非常丰富的，活动要遵守的准则：一是确保活动形式新颖，让阅读活动产生更大的社会效益。二是保证活动方案实施得更加顺利。所以，就需要更加周密的计划，真正落实到人。③ 寻求合作。读书节（读书日、读书月）等活动通常会有很多人参与进来，引起较高的社会关注度，公共图书馆要主动去寻找合作机会，共同开展活动。

2. 世界性、国家性节假日的阅读活动

世界性节假日是得到各国认可的节日，像国际劳动节、元旦等，国家性的节假日则是得到一国认可的节日，像中国的传统节日端午节等。这类在节假日开展的阅读活动的主题通常是不固定的，需要各个图书馆自行拟订。通常会从每个节假日的特点出发，拟订阅读主题。

二、季节性阅读活动

季节性阅读活动就是根据季节的变换来开展形式多样的阅读活动，它依然是主题阅读活动的一种，只是其主题以季节特点为中心。

1. 春季阅读活动

春季阅读活动既可以将主题定为春天，像"在春天里放飞"等读书活动，也可以加其他元素进去，像"春天·诗之美"阅读活动就糅合了诗和春天这两个元素。

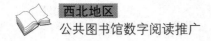

2. 秋季阅读活动

秋季阅读活动的策划完全可以仿照春季，只是季节发生了变化而已。而秋天的核心词就是"缤纷""收获"，当然也可以将秋天当作阅读活动的大环境，像"读书之秋"等阅读活动，还可以将其他元素融合到秋天中，形成诸如"秋天的图画"这样的阅读主题。

3. 冬夏阅读活动（寒暑假阅读活动）

对于公共图书馆来说，举办阅读活动的最好时段就是寒暑假，特别是长达两个月的暑假。在很多国家，暑期阅读挑战已经成为一项固定的活动。

公共图书馆缘何对寒暑假阅读活动如此关注呢？原因就在于这样几点：一是，寒暑假是独立于在校学习以外的时间，公共图书馆在这时举办阅读活动，通常学生参与度会比较高，更能提高阅读效率。二是，研究结果显示，由于暑假时间过长，导致很多学生的学习不尽如人意，特别明显的问题是，阅读能力走下坡路，计算能力变差，学习成绩下滑，而开展阅读活动则可以有效防止学生学习成绩下滑。三是，寒暑假阅读活动让学生的假期生活变得异彩纷呈，以免因为假期生活不够充实而走向歪路。

公共图书馆在制订寒暑假计划时，通常要考虑这样两个方面，一是活动策划，二是宣传推广，从而吸引更多学生。

（1）活动策划。

寒暑假阅读活动通常是以主题阅读活动的方式进行，内容可涵盖多个领域，像历史、文学、艺术、益智等，只要是能引起青少年关注的，都可以作为活动素材。在设计活动形式时，从寒暑假的"假期"特点出发，活动形式往往会加入一些愉悦的元素，将阅读和游戏结合在一起，从而使阅读活动更加吸引人。

（2）宣传推广。

寒暑假阅读活动即便策划得再好，假如没有多少人参与，所有的努力就都白费了，所以一定要加大活动的宣传力度。如果参与人数还是不多，就要分析是不是活动本身不够吸引人，在今后的活动中予以改进。

寒暑假的宣传活动通常通过这样三种方式进行，一是通过地方媒体宣传，二是在图书馆网站上宣传，三是以学校为窗口进行宣传。

三、儿童阅读活动

国际图书馆协会联合会发布的《儿童图书馆服务指南》中规定，不到13周岁的人群都属于儿童。而在这个年龄范围内，不同年龄段儿童的阅读能力会存在很大差异，因此在举办阅读活动时，也要分不同的年龄段来开展活动。

1. 低幼儿童的阅读活动

低幼儿童往往是指不满3周岁的儿童，处在这个年龄层次的孩子在阅读时，必须在成年人的帮助下进行，因此在针对这一人群开展阅读活动时，要注重辅助阅读这一特点，旨在让这一年龄层次的孩子了解书本，培养其阅读兴趣。这类活动通常以故事会、亲子阅读的方式进行，不需要专门组织，只要做到下面几点就可以：①有专门的场所，这样才能引起低幼儿童的认同，带给他们安全感。②讲故事的人要有比较娴熟的技巧，易受到孩子们的欢迎。③选择读物很重要，核心就是要符合低幼儿童的生理特点。

2. 学龄前儿童的阅读活动

学龄前儿童通常是指3～6周岁的儿童，处在这个年龄层次的孩子已经开始慢慢了解世事，有的还会认字，但还不太会独立阅读。针对这个年龄层次开展阅读活动时，依然要注重于培养他们的阅读兴趣，除了亲子阅读以外，还可以加一些自主性阅读活动进去。

在开展学龄前儿童阅读活动时，下面几点是必须要注意的：① 有专门的场地。② 这一年龄阶段的孩子的阅读活动主要还是"故事时间"，要选择适合这一年龄阶段孩子的故事。③ 对于这一年龄阶段的孩子，亲子阅读依然要占据比较大的比重，可以培训家长的亲子阅读技巧。④ 给孩子提供绘本，鼓励他们独立阅读。

3. 学龄儿童的阅读活动

学龄儿童往往是指6周岁以上，13周岁以下的儿童。处在这一年龄

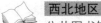
层次的孩子往往有了一定的理解能力，也认识了越来越多的字，很多孩子都开始爱上阅读，在选择读物方面也更加宽泛了。针对这一年龄阶段的孩子开展阅读活动，旨在让他们更加喜欢阅读，让他们阅读水平有所提高。因此在开展阅读活动时，要尤为注重在文学、科普方面对儿童进行阅读引导。

针对学龄儿童开展的阅读活动，所涵盖的内容如下：① 直接阅读活动。直接阅读活动就是不论采取什么样的阅读方式，核心就是阅读。② 间接阅读活动。间接阅读活动旨在推动阅读，比如以阅读的形式来对一段历史、一个典故等加以了解，或者因为参观了某个知名作家的故居而爱上这个名家的作品等。

四、老年人阅读活动

在划分老年人年龄时，世界上存在不同的标准，不管是联合国还是我国，规定年满 60 周岁以上的就是老年人。不管是在国内，还是在国外，在公共图书馆的服务中，老年人这个群体都备受关注，他们需要得到的照顾也更多。因此，很多公共图书馆专门设置了针对老年人的服务区，老年人有自己独立的阅读空间，进而方便开展老年读者群体的活动。

以老年读者为对象开展阅读活动，核心就在于对老年人的身心特点和生活规律加以了解。

1. 老年人身体状况与心理特点

随着年岁渐增，老年人的身体状况大不如从前，会出现行动迟缓、记忆力减弱、反应速度下降等现象。而老年人因为已经退休，再加上子女成年以后离家，极易感到孤独、失落。随着身体各项机能的衰退，老年人难以再接受新事物，易表现出固执的一面，生活中也更加注重身体保健。

老年人因为有了更多空闲时间，经济收入减少，生活半径变小，所以主要在家庭和社区之间活动，生活规律性强。

2. 老年人阅读活动的组织

首先，要给老年人提供日常阅读的环境和资源。对于老年人来说，公共图书馆是一个社交场所，可以给老年人专门安排一个阅览空间，这里的布置要充分考虑到老年人的生理特点，集中摆放老年人喜欢的阅读资源，还要配置可联网的电脑等，以方便老年读者上网查阅文献。

其次，开展和老年人身心相符的主题阅读活动。像老年人更爱看一些反映社会现实、历史等主题的作品，可开展作品探讨、知识比赛等多种形式的主题阅读活动。

最后，一些老年人由于身体方面的原因，不能自如地阅读，要专门针对他们开展朗读活动，从而对这部分老年读者的阅读需求加以满足。既可以朗读报纸，还可以朗读小说、保健类书籍等。

五、成年人阅读活动

成年人群体有着庞大的基数且构成复杂。如果只是站在公共图书馆服务的立场来分，可将成年人群分为平常喜欢阅读且阅读素养高的人群，以及平常不喜欢阅读且阅读素养低的人群，公共图书馆阅读活动更侧重于后一类人群。

成年人阅读活动主要采取主题阅读的方式进行，而在拟订主题时是没有范围限制的，可以以职业为对象拟订主题，也可以以爱好为对象拟订主题。

对人群特点进行细致划分，可以更好地把兴趣爱好相似的群体聚集到一起，让阅读主题的针对性更强。成年人阅读活动通常可以采取以下几种方式进行：

1. 主题阅读与探讨

在为成年人组织阅读活动时，"阅读"本身是关键，可是将主题探讨加进去，则可以吸引更多人加入其中。

2. 书评

为了推动人们阅读，还可以请成年读者写书评，并奖励写得好的作品创作者。不难发现，很难针对成年人举办阅读活动，因为成年人正处在负重前行的阶段，虽然很多人喜欢阅读，阅读水平也不错，可是肩负了太多

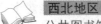

责任，他们抽不出时间来阅读。随着时间的流逝，他们慢慢放弃了阅读，而图书馆则应该适时站出来，提醒他们要阅读。

3. 亲子共读

亲子共读旨在推动儿童阅读。公共图书馆提供场所和资源，可以有效推动亲子共读，家长或监护人既陪伴了孩子又读了书。

4. 讲座与读者沙龙

在给成年人举办阅读活动时，一种比较重要的形式就是讲座或读者沙龙，内容是宽泛的，可以以作品本身为中心开展，像请作家点评自己的作品等。

第四节　公共图书馆阅读推广人的培养

一、阅读推广人的涵义

阅读推广主体水平高了，阅读推广活动的质量才会高，而每个阅读推广人就是阅读推广当仁不让的主体，负责计划和实施阅读推广活动方案。他们的水平如何，会对接受阅读推广的人的态度，以及阅读推广活动的效果产生直接影响。从根本上来说，阅读推广其实就是一种服务，服务者的素养不能低于被服务者的素养，这样服务活动成功的可能性才会更大。所以，阅读推广人要持续提升自己的阅读素养，多读书，会沟通，能组织，可以将阅读推广资源很大程度派上用场。

2005 年，中国图书馆学会科普与阅读指导委员会成立，2009 年该委员会更名为中国图书馆学会阅读推广委员会。最近这些年以来，中国图书馆学会阅读推广委员会齐聚了阅读推广方面的很多专家和学者，建立了推动阅读推广活动持续发展下去的机制。

在 2014 年的全民阅读推广峰会暨"阅读推广人"培育行动开幕式上，中国图书馆学会这样界定"阅读推广人"的概念：达到相应条件，可以进行阅读指导，培养阅读兴趣，提升阅读水平的专业或业余人员。

阅读推广人的概念可分为广义和狭义的两种。广义上的概念是只要这个人进行的是阅读推广的工作，那么他就是阅读推广人，而不论形式、内容和目的，也不论他的身份和专业。而狭义上的概念是指通过专业的方式，以推动他人阅读为宗旨进行阅读推广工作，通过学习或实践，在阅读推广上具备相应能力的人。图书馆员负责策划、组织并具体执行阅读推广活动，其能力如何，会对图书馆推广活动所取得的成效起到决定性作用。

二、阅读推广人专业化培训

阅读推广人专业化培训课程体系涉及面很广，专业度高，必须经专业人员进行全面的规划。在这个过程中，要由专家设置课程体系。在对课程进行划分时，要重点把需求考虑在内，将热点、重难点划分成不同的专题。因为有多种阅读推广形式，不管哪个专题都要打破图书、情报学专业的限制，跨专业、跨系统的内容比比皆是。

与此同时，将专家组织到一起编写教材，在这个过程中，持续深入研究课程体系。对教材内容进行压缩，形成培训资料，既有利于培训的进行，也便于导引学员学习。当课程体系愈加完善后，教材的内容也会变得更加丰富，进而形成理论成果。

对阅读推广人的工作进行大力宣传，不仅是社会效应的体现，也是给业界树立标杆。阅读推广人培育活动的宗旨在于全力建设图书馆，使之成为阅读推广人诞生的中心，学员可以学习完整的课程，并在规定时间内完成考核。

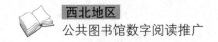

第五节　公共图书馆宣传推广的类型

公共图书馆的宣传推广活动源于实践，是自然而然产生的，并在实践中不断累积经验，逐步得到改进。

一、按宣传推广的目的划分

1. 功能宣传推广

公共图书馆功能宣传是指通过阐述公共图书馆功能，以合适的方式和渠道，让公众更加了解公共图书馆，知道如何使用公共图书馆，并最终起到宣传公共图书馆功能的目的。

2. 公共关系宣传推广

功能宣传推广的内容就在于告诉人们公共图书馆存在的意义，公共关系宣传推广旨在打造公共图书馆的社会形象，和各方搞好关系，让公共图书馆更为众人熟知。为了实现这一目标，在设计宣传活动时，往往要从这样三个方面来进行：以官方媒体为渠道，对公共图书馆进行正面宣传。以策划"专题活动"的形式，制造话题，吸引相关媒体报道，从而扩大图书馆知名度。在纪念日或有特殊意义的日子举办活动，或请名人站台，来扩大公共图书馆的社会影响力。

通过宣传推广公共图书馆的功能和公共关系，可以让公众愈加了解公共图书馆，使公共图书馆在公众心目中留下正面形象，这对于公共图书馆用户群的壮大是有好处的。

二、按宣传推广的受众特点来划分

1. 提醒式宣传推广

提醒式宣传推广所服务的对象是那些比较了解公共图书馆，曾经也对阅读充满热情，只是各种琐事缠身，让他们无暇顾及阅读，再加上社会上纷繁多样的休闲方式的"夹击"，更让他们将公共图书馆的资源弃之一旁。公共图书馆要采取多种方式提醒这部分民众，让他们再次走进图书馆捧起书本阅读。

不同于倡导式宣传推广，提醒式宣传推广为了吸引到更多用户，就必须在资源和服务上下功夫，事实上这是对公共图书馆竞争力的考验。

2. 倡导式宣传推广

公共图书馆致力于给宣传推广的对象提供服务。如果某地的公众还不习惯使用公共图书馆，或者还有人对公共图书馆所知甚少，抑或是根本不知道公共图书馆的存在，那么公共图书馆就需要向公众传达相关讯息，让他们想要走进图书馆。所以，在向这一公众群体宣传推广时，就提倡采用倡导式的宣传方式，即提倡人们去使用公共图书馆，去将它的资源派上用场。

三、按宣传推广的策略来划分

1. 体验式宣传推广

体验式宣传推广是指让民众在一些激励举措、体验活动的作用下，对公共图书馆产生浓厚的兴趣，进而成为公共图书馆的忠实用户。体验式宣传推广类似于商品促销，即通过宣扬好的方面，来使民众迫切想要使用。可是它们又有着本质的不同，公共图书馆所做的一切，都是为了推动公众在更大程度上使用其资源和服务，旨在推动阅读，帮助公众获取知识，提倡有益的休闲方式等。

2. 间接感知式宣传推广

间接感知式宣传推广是指公共图书馆通过开展一些从表面上来看和图书馆功能关系不大的活动，像民俗欣赏、书法展览、诗词朗诵等，不仅可以让公众更加了解公共图书馆，还可以发掘更多用户。

四、按宣传推广的途径来划分

1. 活动式宣传推广

活动式宣传推广从字面意思来看，就是采取多种形式的活动，让参与者了解宣传推广的目的，让参与者在活动中了解公共图书馆，知道公共图书馆有什么、是干什么的、可以提供什么服务等。此外，活动还会让公共图书馆在参与者心中留下好的印象，让参与者知道培养阅读习惯所具有的重大意义。

2. 媒体宣传推广

媒体宣传推广是指将网络、电视、广播、报纸四大平台充分派上用场，加以宣传。所采取的方式如下：一是图书馆和媒体展开合作，让更多媒体来报道图书馆的资源和服务；二是以公共媒体平台为媒介，图书馆自行宣传推广。

3. 人际宣传推广

人际宣传推广是指不需要第三方媒介的参与，人们当面沟通。所针对的对象既可以是群体，也可以是个人。可以采用的方式有读者讲堂、新闻公布、咨询接待等。

五、按宣传推广的内容来划分

1. 图书馆宣传推广

图书馆宣传推广是指宣传推广某一公共图书馆整体，意在让公共图书馆在本地的知名度更高，让更多人到公共图书馆来办卡、阅读。

2. 图书馆活动宣传推广

图书馆活动宣传推广是指宣传推广公共图书馆举办的多种活动，从而让更多人参与其中。因为图书馆的工作重点愈加向图书馆活动倾斜，而且活动举办的规模也越来越大，所以这些活动也需要更多人加入其中。

3. 图书馆服务宣传推广

图书馆服务宣传推广旨在让本地公众愈加了解公共图书馆已有的服务，让他们多多感受服务。这里所说的服务不仅包括固有的项目，像文献查询、阅读活动等，还包括一些新型项目，像云端电子图书借阅等。

第六节　公共图书馆阅读宣传推广的媒介

一、印刷品

在纸质载体上刊印公共图书馆的简介、资源、活动种类等内容，形成宣传手册，大规模发放出去，这种宣传推广的媒介就是印刷品。因为宣传推广的内容不一样，所以印刷品的形式也分很多种，像图书馆简介、用户指南、资源手册、自办刊物等。

1. 图书馆简介

一个公共图书馆在对公众进行自我介绍时，要先搞清楚对象是谁，也就是说是向谁介绍。在将阅读对象弄清楚以后，还要弄清楚普通阅读者想要了解什么，想他们之所想。在制作图书馆简介时，以下问题是要尽量克服的：

（1）内容太长。

假如一份图书馆简介冗长不堪，读者往往会失去耐心，不会再读下去。此外，太长的内容简介还会让读者抓不住重点，没办法更好地了解图书馆。

（2）叙述馆史。

图书馆简介旨在让读者通过对图书馆当前情况的了解，从而决定要不要到图书馆来，而如果有进一步的需求，才会想要了解馆史。

（3）使用专业术语。

因为是以普通公众为对象，所以他们中大部分人都不太了解专业术语，就像"检索"这种运用得比较多的术语，其实也远远比不上"查找"更通俗易懂。

（4）公文色彩。

一是内容方面，也就是图书馆简介中避免过多描述未来的发展前景；

二是语言方面，尽可能不使用严肃、刻板的语言，避免公文色彩过于强烈。

2. 用户手册 / 指南

用户手册 / 指南是对用户科学使用图书馆进行引领的辅助工具，一本好的用户手册 / 指南会提高用户的信任感。用户手册 / 指南往往会涵盖如下内容：

（1）告知。

让用户知道使用图书馆时，有哪些信息是必须要知道的，像什么时候开放，什么时候闭馆，入馆要注意什么，如何履行借阅程序等。

（2）规约。

图书馆和用户之间是存在实际上的合约关系的，因此要在一定程度上约束读者的行为，像禁止在图书馆抽烟、不能损坏图书等。用户手册 / 指南主要是对用户科学使用图书馆起到指引作用，可与此同时，它也会对公共图书馆资源和服务起到宣传作用，让它更具有可读性，可以发挥更大的作用。

（3）服务项目介绍。

服务项目有常规服务和特殊服务两种，常规服务像文献借阅、日常阅读活动、文化类活动等。特殊服务则主要以特殊人群为服务对象，像主动赠书给残障人士，到农村赠书等。

3. 自办刊物

有自办刊物的公共图书馆在我国有很多，自办刊物主要有这样三类：第一类重点在业务交流上，针对的是图书馆员和业内人士；第二类重点在于推动图书馆资源的利用率，针对的是图书馆的服务对象，即读者；第三类将以上两者都包含在内。

上面第二类自办刊物可以对图书馆起到真正的宣传作用，它是将图书馆和用户联结起来的纽带。单看内容，它既可以让用户了解图书馆各方面的信息，还可以说出用户心里所想的内容。此外，它的形式也是多样化的，像纪实、评论、诗歌等，为了美观，还可以配插图。

4. 资源手册

资源手册是宣传馆藏资源的便捷工具，旨在让馆藏资源的利用率更高。资源手册包括的内容如下：一是从整体上简述馆藏资源，二是传递新书信息。

资源手册要本着提高资源利用率的目的，不要对重点馆藏进行大肆炫耀，因为大众对此并不感兴趣，这样的资源手册也无法提高资源的利用率。

二、实用性小物品（文创产品）

在一些实用性小物品上印上图书馆的名称、服务项目、标志等，然后以赠品的形式发放给大众，进而让更多人知道图书馆。这类赠品的实用性很强，所以在公众中很受欢迎，像笔记本、雨伞、书签、明信片等。

用实用性小物品来对图书馆进行宣传，效果是尤为显著的，因为它们实用性强，人们只要一用到该物品，图书馆的信息就会出现在人们眼前。如此往复，就会让人们时刻记得去图书馆。

三、多媒体

在宣传图书馆时，可以制作像视频、动画这样的多媒体作品，这样的作品包含多种媒介符号，像声音、图像等，因为其具有丰富的表现力，会给公众留下直观的印象，所以感染力很强，称得上是最好的宣传推广媒介。

1. 视频宣传片

论形式，可以制作以下两种视频宣传片。

（1）纪录片式。

宣传片是对公共图书馆的历史发展脉络、服务、资源、活动等加以阐述。

（2）微型故事式。

宣传片是由人物和故事所构成的"故事片"，故事的中心就是图书馆。

微型故事式宣传片是最近几年才流行起来的，因为其内容生动、形象，在公众中很受欢迎，时常在高等学校图书馆中被运用。视频宣传片要付出较高的制作成本，对技术也要求比较高，通常只有大型的公共图书馆才会

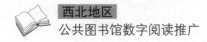

制作。

2. 幻灯片和动画片

相比视频宣传片，幻灯片和动画片制作起来就要简单多了，只要有电脑和软件就可以，特别是幻灯片已经被大范围使用。一些公共图书馆时常会用幻灯片来制作图书馆宣传片或者检索课件。相比幻灯片，制作动画片要难一些，但是平面动画制作起来相对比较简单，而且使用面也很广，观众也会比较感兴趣。

四、宣传画

宣传画又有招贴画之称，旨在起到宣传、渲染气氛的作用。宣传画具有形象突出、感召力强、风格轻松的特点。它往往结合了文字和绘画，更能起到宣传效果。在制作宣传画时，有这样几点是必须要注意的：一是宣传的主题要清晰；二是受众要明确；三是宣传画的设计要简洁、优美，富有感召力。

五、符号

符号是指可以起到宣传作用，而且可以鉴别出宣传主体的符号，这个符号可以是图形，也可以是文字，往往是标识（logo）和口号。

1. logo

所谓 logo，代表的是一种机构，又有徽标之称，通过某种简明的形象把某种含义传达给受众，而且也通过人们的思辨力，由它联想到它所象征的机构名称。刻意的 logo 设计还可以通过图形符号将机构的特点、责任以及所具备的文化底蕴等展现出来，所以它是一种绝佳的机构宣传媒介。

图书馆领域最先是引入了企业形象识别系统（CIS）理念，之后才将 logo 这个元素引进来，它是一种非常关键的塑造机构形象的方式。公共图书馆作为文化领域的公共机构，相比其他机构，它对 logo 的文化映像作用更加重视。

2. 口号

口号包括图书馆在形象、精神等多方面的口号，作为一种语言识别符号，它具有鉴别作用，人们只要看到或听到某个口号，就知道是指哪个机构。

口号有新服务推广口号、服务理念口号、图书馆鉴别口号等。图书馆鉴别口号具有鲜明的符号特点，所以一旦确定下来就不能轻易改变，所以在设计图书馆的鉴别口号时，就要特别谨慎。当然，这类口号还是可以改变的，当图书馆发生一些重大变革以后，口号也要随之发生变化。还有一类口号是为了对新服务形式和举措加以推广。

六、图书馆网站

图书馆网站原本就是图书馆对外开放的一个窗口，只不过它是虚拟的，包括宣传和推广两方面的功能。以上各种宣传媒介所发挥的作用，基本上都可以通过网站展现出来，除了物品以外。

因为在如今这个社会，网络的重要性愈发显著，人们据此了解信息，所以非常有必要将公共图书馆网站包装成服务的宣传窗口。网站在宣传推广图书馆服务时，可以采取如下的方式。

（1）信息发布。信息发布主要有两大类：一种是发布一般信息，像图书馆简介、用户手册、用户注意事项等，这类信息往往确定以后会连续使用很长时间；另一种是变化的信息，像馆藏资源的动向，主要集中在新书更新上面，而服务方面的更新则主要指图书馆活动组织、图书推荐等，这类信息要第一时间更新，要不然网站信息发布的作用就显现不出来了。

（2）互动交流。想让图书馆和用户之间互动更顺畅，就非常有必要在公共图书馆网站上创建一个沟通的平台，用户可以将自己对图书馆的建议表达出来。同时，用户还可以通过网站自荐图书，相比图书馆员的倾力推荐，用户的推荐说服力更强。像图书馆博客、图书馆信箱等都是实现这种互动的手段。

公共图书馆网站存在的意义就在于告知用户信息，在线给用户提供服务，创建双方沟通的平台，而网站的点击率则是这些功能赖以实现的根本，所以我们必须高度关注网站的建设，使之吸引力更强。下面这些现象是应

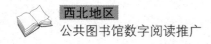

该尽量避免的：

（1）网站信息组织太烦琐。错综复杂的阶梯式结构会遮掩日常所用的信息，让用户没有耐心浏览下去。

（2）有关图书馆内部的信息。像学术探讨活动、同行相互访问、部门比赛等都属于内部沟通的讯息，不适合放在图书馆网站上，以免给用户查找有用信息造成影响。最近这些年以来，微信小程序、二维码等技术在图书馆服务方面得到大范围使用，各级公共图书馆在宣传推广时，要将这些新的网络技术充分派上用场。

第七节　公共图书馆阅读的
人际宣传推广

人际宣传推广所涵盖的内容如下：一是日常性的，二是主题式的。

一、日常性人际宣传推广

日常性人际宣传推广指在宣传推广时以公共图书馆的所有服务窗口为凭借，所有图书馆员都要扛起宣传推广的大旗，在用户面前尽可能推荐图书馆的服务和资源。在有读者光临时，还要对其进行介绍。这种宣传推广方式和图书馆的日常工作融为一体，不需要再专门成立一个部门，所以，这种宣传推广方式具有隐蔽性，完全仰仗图书馆员的自觉性。站在组织的立场，需要注意下面几个方面：①建立相应的激励机制。②定期考核图书馆员。③打造图书馆的宣传文化。

二、主题式人际宣传推广

主题式人际宣传推广是根据提前拟订好的主题和实施方式展开宣传，

所以要提前做好方案并做好落实工作。像座谈会和宣讲等就是比较常见的主题式人际宣传推广。

1. 座谈会

开座谈会其实一点都不难，难就难在计划和实施上，要不然徒有其表，根本起不到什么作用。要想开一个成功的座谈会，以下几个方面是一定要把控好的。

（1）确定一个主题。

开座谈会首先要确立一个合适的主题，然后才能让人们感兴趣，进而参与进来。

（2）邀请合适的参与者。

因为目的不一样，所拟订的邀请方案就不一样，这个问题需要组织者慎重考虑。有的单纯只是为了座谈，有的是为了对图书馆服务加以宣传，所以邀请方案就不一样。假如是前者，就要重点邀请那些在某领域颇有造诣的人，而假如是后者，就要考虑到不同人群的受众来确定人选。

（3）选择经验丰富的主持人。

主持经验丰富的人可以很好地把控座谈的方向，使之始终围绕着主题进行，同时还可以让座谈会在和谐的氛围中顺利进行下去。

（4）布置会场。

为了让参与者快速融入话题讨论中，组织者要尽力打造一个轻松、愉悦的环境，还可以以宣传板、资料袋等形式，让参与者提前了解相关话题。

2. 宣讲

相比之下，宣讲的效果要远远好于座谈会。宣讲的主体是图书馆工作人员、用户等，宣讲的内容是图书馆知识、服务、资源、阅读的价值、阅读体会等。这一人际推广方式所具有的优势包括：① 高效率。一个人可以面对成百上千人宣讲。② 通过主题确定内容，保质保量。③ 宣讲人可以提前准备宣讲稿，宣讲的效果会更好。④ 场地不局限于图书馆，便于组织且能产生更大的影响。

第八节　公共图书馆阅读的 活动式宣传推广

一场活动举办得是否成功，一个至关重要的考量指标就是人们的参与度。

宣传推广活动的策划主要从这样两个方面表现出来：一是和主题相关，二是和活动形式相关。

一、主题策划

主题策划又有内容策划之称。在策划宣传活动的主题时，可以从这样两个角度考虑：一个角度是活动的形式是什么样的，另一个角度是活动所针对的对象是谁。二者的不同之处在于，前者将焦点集中在活动本身，不用对对象的需求加以了解；后者将焦点集中在图书馆营销上，向某个群体进行宣传推广，因此，先要对该群体的特点加以了解，才能有的放矢地开展活动。

这两种策划方式的目标不一样。前一种策划方式是以所有公众为对象，焦点不在对象上面，而在活动自身上，旨在让更多公众了解公共图书馆，让更多公众愿意走进公共图书馆。因此在策划主题时，不需要考虑对象，这也是很多公共图书馆所青睐的方式。

1. 面向全体服务对象的策划

在对这类宣传活动进行策划时，难点在于选择一个主题，而这也是图书馆员头痛的问题。那么，好的主题到底是如何诞生的呢？以下这些策划内容可以用来参考。

（1）关注同行的活动策划。

我们在关注国内公共图书馆的活动策划的同时，也不能忽视高等学校图书馆的活动策划，有条件的话，甚至国外的我们也要关注起来。有些好的活动甚至可以直接借鉴，像深圳南山图书馆就曾经借鉴齐齐哈尔图书馆所举办的"查字典"比赛，并取得了不错的效果。

（2）关注社会各方动态和热点。

主题策划要想吸引大众，就要关注社会生活和热点，从中去提炼活动主题。

（3）关注相关行业的活动策划。

一些和图书馆行业性质相近的机构，比如学校、书店等，它们的活动主题通常和图书馆活动密切相关，可以以它们策划的活动为参考。

诚然，最本质上的解决办法还是由图书馆员来策划主题，这是一项极富创造性的活动，越能开动脑筋，越能产生又多又好的创意。

2. 面向特定对象的策划

这种策划方式的对象是特定的、具有显著特点的，在有特定对象的情况下策划活动时，内容上要迎合对象的需求，提前了解参与者的生活状态，进而对其需求进行精准判断。这种策划方式具有明确的过程，策划过程如下：① 先对目标用户加以锁定，对他们方方面面的特性加以了解，知道目标用户具体有多少。② 确立活动目标。③ 细化活动内容，像将阅读、信息查找、写书评和培训等结合在一起组成活动的具体内容。④ 评估活动成效。

以上两种内容策划的方式谈不上孰优孰劣，作用不一。当内容策划不需要考虑某一群体时，内容就要适合更多人，考虑其影响力。而以某个群体为对象组织的活动，内容则要有所侧重，不考虑受众面，只需要将某个特定群体吸引过来即可。

二、活动形式策划

前面所说的主题策划的实现往往要采取相应的方式来进行，因此，主题策划完成以后，接下来就是活动形式策划。

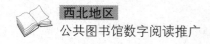
形式紧跟主题的脚步，即形式是由主题来决定的，而且要恰如其分地展现主题，所以，也不可忽视形式的策划。

所有的宣传推广活动的形式都是一个孵化的过程，凝结了图书馆员的智慧。可以反复运用已有的活动形式，也可以持续不断催生出新的活动形式。下面两种是我们司空见惯的活动形式。①室外型：游览、运动、参观等。②室内型：培训、沙龙、座谈、技能比赛等。

活动形式策划往往对整体的创意并不太看重，而重点关注组合和细节上的推陈出新，只有极少数的情况除外。将主题和形式组合在一起，新主意才有可能层出不穷。阅读活动往往是在室内进行的，像讲座、读者见面会、故事会等，可是假如突破固有的限制，新的阅读活动形式就应运而生了。还有一种叫细节创意，只是创造性地变革整体活动中的某一个部分，让其成为整场活动的焦点。一场活动虽然从表面上来看依然落于俗套，可是因为有了一个或多个焦点，这场活动也仍然可以具有创造性。像一个再平常不过的暑假学生阅读活动，在激励措施下，通常会增加阅读的受欢迎度。

三、宣传推广活动的组织

确定了活动主题和活动形式以后，宣传推广活动的内容就产生了，活动的策划就有了一个好的开端，接下来就看组织实施的效果了。

公共图书馆这一类的宣传推广活动往往只有一次机会，只要活动开始了，即便有错误也无法改正了。因此，在活动前一定要做好方案，才能保证整场活动井然有序地进行。活动方案所涵盖的内容如下：

1. 人员准备

人员准备包括活动中维持秩序的工作人员，以及明确他们要具体负责的事务。通常会由专门的部门来组织大型公共图书馆的活动，人员不易变化。假如举办规模比较大的活动，甚至要求其他部门的人员配合，更需要提前落实好各自的分工，才能确保活动顺利进行。小型公共图书馆没有设置这样的专业人员，那么就更应该关注人员的安排，以及任务的分配。

2. 软件准备

所谓软件即执行过程、准则、紧急处理方案。执行过程将整场活动的所有环节以及顺序都涵盖在内了。准则则用来保证过程的顺畅执行。紧急处理方案则是提前对可能发生的紧急事件做好预案。以上内容都要通俗易懂、可行性强、人性化、平等。

3. 硬件准备

硬件就是指根据活动所需准备的道具和场地，重点在于安全，假如活动的参与者有少年儿童，更要关注安全问题。

四、宣传推广活动的宣传

宣传推广活动的目的在于对公共图书馆加以宣传，让公共图书馆资源的利用率更高。可是作为一项活动，必须要造势，通过广告的方式吸引更多人加入。

有这样几种常见的宣传方式：①在公共媒体上提前打广告。②制作宣传海报予以宣传。③通过通信设备发短信告知注册用户。④通过图书馆网站、微信公众号等方式宣传活动。

不管采取的宣传方式是哪一种，都要阐述宣传推广活动的内容，越是精准描述，效果越明显。

第五章

新环境下的
公共图书馆阅读与发展趋势

第一节　阅读与阅读行为

一、阅读的概念

从本质上来说，阅读其实就是提炼信息的价值所经历的过程，这个过程仰仗于阅读者原有知识储备、文字所涵盖的信息以及阅读时所处的环境等多种因素的相互配合。所以，阅读就是指读者从所获取的信息中提炼价值的一种活动和心理过程。

二、阅读的基本特征

特征是人们将不同事物区别开来的标志。阅读的基本特征如下：

阅读这种活动是由视觉器官引发的。读者先通过视觉器官了解文字讯息，然后将讯息传输到大脑，最后由大脑的中枢神经加以处理。了解文字讯息只是一种阅读方式，所谓阅读，读的主要还是书面文字，然后从中提炼价值。感知只能对读物的单个特点和外部特点加以认知，进而得到感性上的认知。人们的知识就开始于感觉，阅读也始于感知，所以，感知能力的重要性不言而喻。

阅读这种语言活动包括阅读行为和阅读技巧两部分，是充满复杂性的。阅读技能还可以细分下去，像总结、推理、识别文字、分析语义等。在人脑中，这些过程不分先后，只有在掌握了词句意思、中心意思，会查找工具书以后，才能让书本中的信息价值真正变成自己的。

阅读是动用理解力和思维力的过程。在阅读时，人们会调动感官，在获得了文字讯息以后，再经由想象、推理等多种思维活动，对文字讯息加以转化，使之成为不同的定义和思想。不管站在哪个角度，理解文章这个过程都不简单，它必须遵守相应的规则，取决于人的大脑思维极其特殊的特点。理解从本质上来说是一种思维活动，先对事物之间的关联有所了解，然后了解其根本和规律，而阅读理解就是建立旧知识和新知识之间的联系。理解的过程就是重新处理文献的过程，在这个过程中感受到阅读的快乐，并有所获益。

三、阅读的主要功能

阅读会深刻影响人的三观，虽然它不能延长生命的长度，却可以拓宽生命的宽度。阅读可以开拓我们的视野，提升我们的认知，让我们的精神世界更加丰盈。

1. 审美功能

真、善、美是人们这一生所追求的最高境界。"真"是认知层面的价值，"善"属于道德层面的价值，"美"则属于艺术层面的价值。阅读的审美价值即读物本身带给读者的有关美的熏陶。阅读可以让读者的审美意识提高，审美能力更强，让读者愿意去创造美。读者对读物内容和形式的感受和评价是实现阅读审美价值的渠道。

2. 求知功能

通过阅读，我们可以得到讯息、获取知识，这是一种得到人们普遍认可的、打破时空约束的行为方式。人们通过实践和阅读两种方式获取知识，其中阅读就是对知识进行深挖的过程。阅读的材料越多，越能获取足够多的信息。

不管是对哪个年龄层次的人来说，阅读都是伴随终身的活动，都可以拓宽知识面，提高知识储备量。从某种程度上来说，学会求知就是要会阅读。阅读不仅可以了解到前人的研究成果，还能够通过多种渠道了解最新信息。

3. 培养品德、陶冶情操功能

情操和品德的培育，不仅要仰仗社会实践，还要重视阅读。阅读对于我们了解人性、了解社会有着本质上的帮助，有意义的读物会净化读者的心灵、陶冶读者的情操，甚至会对读者的三观造成影响。

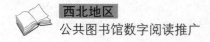

4. 开发智力、锻炼思维功能

智力是指人对客观事物加以了解，并动用自身知识储备对问题加以解决的能力，这个能力所包括的内容是多方面的，像通过思考、想象、推断来解决问题、表达意愿等。其中最重要的智力因素是思维能力，它在智力因素中占据主导地位。从本质上来说，阅读过程也是一个思考过程，当阅读者专注于阅读时，就是在持续思考、判断、推断、评判。

大范围的阅读可以持续提升技能、累积知识。一个人只有累积了足够多的知识，才能更深刻地观察事物。思维越活跃，才能更精准地判断事物，想象力和创造力才会更活跃。

总的来说，阅读是丰盈人们精神世界的关键途径，可有力地推动社会发展。

第二节　阅读的研究内容

阅读和阅读对象、阅读环境、人等多个方面都息息相关，每个方面所涵盖的内容也很多，阅读研究主要着眼于这样三个方面：阅读主体、客体和本体。

一、阅读主体研究

阅读活动的主体是指所有和文献使用有关的人，具体涵盖两个层面：一是真正需要文献信息的读者；二是提供文献信息和服务于文献信息的人，像文献的创作者以及图书馆员工等。

而读者作为阅读主体，在社会的各个层面都可以找到，泛指所有会阅读，并参与到阅读活动中的人。一个人只有具备这样三个前提，才能称之为阅读主体，一是想要阅读；二是有能力阅读；三是参与到阅读活动中。

二、阅读客体研究

阅读活动的客体又有阅读的对象之称，是阅读主体（读者）从相应的场景出发，运用相应的方式所指向的对象。阅读客体所涵盖的要素有阅读对象、阅读环境、阅读时间、阅读工具等。

1. 阅读对象

阅读对象是一种精神产品，是在某种载体上刊印文字，并为读者所了解。而读物则是其中的首个要素。由于分类标准不一样，读物的种类也不一样：按照符号分类的话，有文字读物和图画读物之分；按照内容分类的话，有人文读物和自然读物之分；按照正文语种分类的话，有中文读物和外文读物之分。只有解释了科学阅读的概念，才能让阅读对象并不局限于文本。

（1）文本的含义。

第一，文本是由英语单词"text"翻译而来，是一个基本的文学术语，往往涵盖一个或多个有完整含义的句子。

第二，文本是计算机中的一种文档类型。这种文档可以将文字信息保存下来，平常出现比较多的文本文档的扩展名有".txt"".doc"".docx"等。

第三，文本是一种可以包括所有文字材料在内的文件。

（2）文本的特征。

从整体上来说，文本一开始是简策，后来发展到纸本，然后到抄本、雕版印刷、机器印刷，再到电子本，不管在哪个发展阶段，都是有几种不同的文本同时存在的。当时的客观条件、读者个人的阅读爱好等因素，会影响到某一时期文本的特征。

2. 阅读环境

阅读环境是排在阅读对象后面的第二信息源，分主观和客观两种。主观环境是指阅读者精神层面的具体状况；客观环境则指外界环境，像自然和社会环境都包括在内。

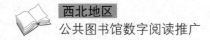

3. 阅读时间和阅读工具

在阅读客体中，阅读时间和阅读工具也至关重要。要想提升阅读效率，对时间进行统筹运用是根本。阅读工具是将阅读主体和阅读客体关联在一起的媒介，读者据此了解读物，像不同类型的工具书、阅读器等都是阅读工具。

三、阅读本体研究

阅读本体指读者（主体）对某一读物（客体）进行阅读的过程。从根本上来说，阅读活动其实是读者作用于读物，而读物又反过来作用于读者的过程，而且是连续性的。阅读活动融合了和阅读有关的物质过程和精神过程，融合了个人活动和社会行为，融合了历史和现实。所以，阅读本体和读者、读物之间密切相关，在研究读者阅读行为时，要从多个方面考量。

第三节　阅读行为的特性与影响因素

读者行为学是对读者行为规律加以分析的学科，阅读行为展现的就是读者行为，而读者行为是指当读者有信息需求时，对信息资源进行查找、阅读和使用的行为方式，反映的是外部环境和心理环境。所以，在对读者的阅读行为加以分析时，就要多多研究，归纳读者的阅读需求、阅读水平、阅读目标等，找到其中存在的规律。

一、阅读行为的特性

阅读行为涵盖的要素主要有三种，即读者、阅读场景和读物。实现阅读行为的过程其实就是人们了解媒介信息的过程。阅读行为的主体是读者，阅读行为产生的必要条件也是读者。读者往往会对文本有个大体的印象，主动去查找自己想要了解的信息，然后以阅读目标为根据，对阅读方案进行调整。虽然由于每个人的目标、水平、文化素养不同，会让读者的阅读行为有所差异，可是从整体上来说，读者的阅读行为还是有相同点的。

第一，阅读行为的多样性。阅读需求是从社会实践而来，而阅读动机又取决于阅读需求，阅读行动又源于阅读动机，所以阅读行为是先有需求，然后才发展到行动。阅读行为在多种因素的影响下，从外部展现阅读环境和心理环境，所以阅读行为才具有多样性。

第二，阅读行为的目的性。阅读这个心理活动过程具有很强的目的性，在整个阅读活动中，阅读目的具有至关重要的意义。目的性的强弱和阅读的效率是成正比的，毫无目的的阅读行为纯粹就是浪费时间。读者自发的阅读都是带有很强的目的性，是为了了解某一方面的知识。

第三，阅读行为的广泛性。在如今这个知识当道的社会，只要是具备阅读能力的读者，都会通过多种途径进行阅读，吸收更多的知识，让自身的知识储备更加深厚，全民阅读是时代发展的必然。

第四，阅读行为的阶层性。由于人们政治面貌不同、文化素养不同、经济水平不同等，所以不同的读者也处在不一样的社会阶层。不同阶层的读者在行为、社会地位以及思想层面也有着莫大的差异。由于他们感兴趣的东西不一样，个人素养有高有低，文化水平有高有低，所以在阅读时，也会在理解能力、阅读技巧、阅读目标、阅读需求等方面存在很大的不同。相同阶层的读者会有着类似的爱好、阅读内容、阅读手段等。

第五，阅读行为的社会性、环境性。阅读行为必然要和相应的外部环境联系在一起，由于不同的读者有着不同的文化背景，导致他们在思维习惯、学习习惯等方面也有很大的不同。比如跨文化阅读，由于文化背景截然不同，读者在理解时就会存在巨大的差异。只有在具体的时代和社会环境中研究读者，才能对读者的社会性特点有更清晰的认知。

第六，阅读行为的连续性。阅读是一个逐渐累积知识的过程，更会在

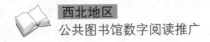

无形中影响一个人的人格，读者的阅读行为通常是一个长期的不间断的过程，从产生阅读需求到最后实现阅读目标，再从产生新的阅读需求到最后新的阅读行为的产生，这是一个周而复始的过程。

二、阅读行为的影响因素

尽管读者阅读行为有着不同的表现形式，可是掌握他们的行为规律也并不是什么难事，只需要了解会对读者阅读行为产生影响的因素即可。人的内在和外在都是由内外环境共同作用而产生的。如果人的需求没有得到满足，内部的张力就会应运而生，而环境因素会成为导火索。人的行为动向是由内外部因素共同作用来决定的，而内部的张力则占据着主导作用。

阅读活动源于社会进步，库尔特·卢因的理论告诉我们，会对读者阅读产生影响的因素包括这样两个方面，一是个人因素，二是环境因素。所以，不仅读者本身的知识素养、心理特点等因素会对阅读行为产生影响，而且政治、经济、文化等社会因素也会影响到读者的阅读行为。读者阅读行为还是一个动态变化的过程，当个人因素和环境因素发生变化时，它也会跟着发生变化。

第四节　新环境下公共图书馆的发展趋势

一、图书馆馆舍的智能化

公共图书馆将来势必要发展成智能化的图书馆，所以就要及时调整公共图书馆的建筑风格和内部装饰，不管是空间还是功能，都要让人们的现实需求得到更好的满足。在图书馆内部引入互联网和高科技设备，必然会推动图书馆智能化的发展，而先进的图书馆设备也必然会让图书馆的管理水平得到提升。

二、图书馆收藏的广泛化

对读者的阅读需求加以满足是图书馆最重要的功能所在，所以图书馆一定要密切关注图书的质和量，过去的图书馆采取的是读者自由在书架上选择图书阅读的方式，而不久的未来，图书馆会将数字化技术大规模派上用场，像云存储等的应用范围会越来越广，让图书馆馆藏普及面扩大。将来的图书馆会打破传统纸质版图书的局限，让读者感受高科技的力量，拥有不一样的阅读感受。

三、图书馆员的专业化

在图书馆内部，一个至为关键的构成元素就是图书馆员，图书馆员不但要对基本的图书整理、查找方式谙熟于心，还要对目录学等图书馆管理相关方面的内容有所了解。为了和时代的发展趋势相适应，图书馆员还要广泛涉猎高新技术、计算机网络方面的知识。图书馆将享受互联网带来的极大便利，进行一体化管理。这也对图书馆的工作人员提出了更高的要求，他们必须精进自己的专业，还要掌握前沿的信息技术，成为复合型人才。

四、图书馆机构的功能化

在传统图书馆内部，机构的设置在很大程度上取决于文献加工流程，而在将来的图书馆，在设置内部机构时会更加注重服务。将来，图书馆要弥补传统图书馆基础的不足，增设信息部、技术部等之前没有的机构。图书馆的管理思想也会跟着发生变化，重点管理读者和馆员。而在图书馆改革中，首先则是调整管理体制。

五、图书馆服务手段的自动化

对于传统图书馆来说，信息检索往往以人工的方式进行，集中管理文献资料，而将来图书馆在文献检索和管理方面会做出新调整，采用先进的电子设备，实现更高水平的检索。运用智能化的工具检索图书将节约大量的人力，让整个图书馆向智能化的方向发展。

由于智能化、自动化的服务方式的出台，颠覆性地改革了传统图书馆的管理系统。过去的图书馆只有某一个服务种类，而现代图书馆则具有多个服务种类，更看重用户，更致力于给读者提供优质的服务。以上所提到的服务基本上可分为这样两种：一是检索图书、推荐图书等服务；二是提供文献资源，包括了传统图书和电子图书，可实现一体化管理。

图书馆会先给用户提供一些基础的服务，之后会提供进一步的服务，服务范围也越来越大。现代图书馆在大数据的帮助下，进一步改进了管理体制，提供了更加全面的服务。在数字设备的帮助下，人们可以在线学习、在线检索图书，将图书资源尽可能派上用场。

六、图书馆资源的多元化

在网络覆盖面越来越广，科技发展水平日新月异的情况下，我们已经逐步走进信息时代。图书馆会出现越来越多的非印刷文献，它的优势是显而易见的，不但可以让成本下降，减少对环境的污染，还可以大大提升读者的阅读效率。但印刷型文献也没有甘于落后，投入的成本也大幅度增加，二者各有利弊，需要取长补短。中国自从建立了试验型数字图书馆以后，图书馆的发展走向跃进式的发展道路。科技含量高的设备会让图书馆的管理效率大幅度提升，让人们在家就可以享受到诸多资源，阅读需求也被尽可能满足。

七、图书馆评价的效益化

图书馆在更好地服务读者时，还要及时进行图书馆评价。对于图书馆的发展来说，图书馆评价的效益化至关重要。评价工作旨在发现问题、解决问题，实现稳定、长久的发展。在评价图书馆时，要多方面进行，不管是办理条件，还是服务策略，都要和评价结果相结合，进而做出适当的调整。图书馆评价所针对的对象并不仅限于图书馆本身，还针对政府部门。所以在评价图书馆时，也在从另一个角度评价政府工作。在评价图书馆时有多种方式、多个角度，所以必须要选择行之有效的评价方法。

八、图书馆用户需求的社会化

在如今这个网络大规模普及的情况下，图书馆成为个人或群体生活中非常重要的一部分。反过来，读者对于图书馆来说，也是其工作重点所在。虚拟化的图书馆不但可以让图书馆的管理效率得到大幅度提升，还可以让用户的需求得到更大程度的关注。当图书馆用户需求愈发多样化，图书馆也向更大范围的群体敞开后，读者也不再局限于专家学者，而是面向普通大众。

九、图书馆办馆模式的网络化

图书馆在网络大规模普及的情况下，将和其他行业达成服务联盟，形成一个整体。图书馆服务趋向于网络化主要从这样两个方面表现出来：一是馆与馆之间的协作；二是不同行业与图书馆之间开展合作，不受时空限制。总的来说，当现代图书馆数量越来越多，各图书馆办馆模式也慢慢向着网络化发展，不管是服务内容，还是服务方式，这都大力推动着公共图书馆的发展。

第六章
数字阅读概述

第一节 数字阅读时代的来临

道格拉斯·麦克阿瑟曾说过这样一句话，"老兵不死，只是慢慢凋零。"这好像也在预言纸质书在数字阅读时代正慢慢走向没落。当我们不自觉地进入互联网时代，享受网络时代的便捷时，阅读生活所发生的变化也是翻天覆地的。数字阅读进入传统阅读阵地的势头是势不可挡的，并逐渐成为主流的阅读形态。

一、数字阅读的定义

不同学者或机构给数字阅读所下的定义是不一样的。

从狭义上来说，阅读的主要内容是语言符号一类的文本。数字阅读是指通过数字设备（电脑、手机等）来对文本内容进行阅读，如在线接收文字讯息，浏览网页、电子书、短信、文献数据库、论坛帖子等内容。阅读内容不仅有文本，还有静态图像、地图等。数字阅读有这样两层含义：一是阅读内容通过数字化的形式表现出来，像电子地图、文献、网络小说等；二是阅读方式变得数字化，也就是阅读要么通过纸张的形式呈现出来，要么通过电子设备呈现出来。

广义的数字阅读，其内容扩散性更强。广义的数字阅读是指在获取知识的过程中，内容会以文本、图片或音频等形式展现出来。它是不分场合、不分形式、不分传播方式、不分载体、不分技术形式、不分时空，更不分对象的阅读。

在数字环境下，知识信息传播得更快，作为生产和接收信息的主体——人，无时无刻不在和外界发生联系。传播学领域还提出过"电子人（cyborg）"这一概念，把不同的个体形容成网络节点，这是一种被淹没在电子媒介信息中的新新人类。据此，我们更应该认为数字阅读是指通过数字化的形式得到知识的过程。本章将对传统阅读和阅读方式的数字化进行探讨。

二、数字阅读的形成与发展

1971年，伊利诺伊大学的学生迈克尔·哈特发现计算并不是计算机最显赫的功绩，它最大的意义在于保存、检索和查找图书馆中的所有信息资源，之后他便以文本的格式在计算机中保存了《独立宣言》，世界上第一本电子书由此问世。之后，哈特便开始潜心研究电子书的相关技术，还发起了"古腾堡计划"，由此掀开了由计算机网络传输数字资源的新篇章。"古腾堡计划"作为世界上第一座数字图书馆，一开始采用的是志愿者手动输入信息的方法，对纸质书本加以转化，使之成为电子文档，然后在数据库中保存下来，分享给所有社会成员，用户可根据需要免费查询、下载。由于信息、传播等技术发生了翻天覆地的变化，我们一步步迎来了数字阅读时代。

"古腾堡计划"从一开始出现，就被寄托了伟大的理想，那就是通过机器、人工等可以轻松获取的方式，将电子书分享给大众，以推动资源的快速传播。尽管这一项目至今还没有完成，可是其所提倡的共享、免费、简单等观念和数字时代的阅读需求是非常相符的。当智能手机、平板电脑的技术日益成熟，数字阅读已经慢慢发展成一种主要的阅读形式。人们可以随时使用网络了解全球信息，获取最新的新闻资讯。

第二节　数字阅读的特点

和传统阅读相比，数字阅读是有其显著特点的。

一、阅读形态多元化

读者可以根据自己的喜好，选择相应的阅读设备，像电子书阅读器、平板电脑、计算机等。读者还可以看到不同格式、不同体量的文本、图像、声音等，由此获得丰富的阅读体验。

二、阅读内容交互融合

读者在进行线上阅读时，以阅读的方式进行人际交往，像转发、评论、分享等。在这个过程中，用户不仅是创建数字内容的人，也是使用数字内容的人。数字内容之间彼此论证、彼此交融。读者可以从自身实情出发，对阅读内容加以延展。

三、阅读模式多样化

读者可以从自己感兴趣的阅读模式出发，对字体、显示亮度、背景等进行调节。可以以不同的阅读环境或阅读习惯为依据，选择不同的阅读方式，或在线阅读，或离线阅读，或默读，或跳读，甚至以检索的方式阅读。

四、读者对象成群集聚

数字环境中，阅读兴趣一致的用户可以主动或被动地形成一个团体，把个人阅读上升到团体阅读，在团体中探讨、交流，一起参加活动，并从线上阅读延续到线下阅读。与此同时，数字化设备将读者个人或阅读内容的有关信息记载下来，从多个不同的层面对用户进行分类，据此进行有针对性的服务。

数字阅读的缺陷也是很显著的，像阅读设备蓝屏、闪退、系统故障等都会影响阅读。而且哪怕是最好的电子墨水技术，也会损伤人的视力。可是毋庸置疑的是，在如今这个时代，人们已经对它习以为常。在人们的寻常生活中，它几乎无处不在，像在书房、卧室里学习、工作、休息时，都可以看到它的影子，它既可以是为了消除孤独感的阅读，也可以是为了了解未知知识的阅读。

第三节　数字阅读的未来"新常态"

一、数字阅读成常态

从"第十九次全国国民阅读调查"结果中我们了解到，2021 年，有近八成的成年国民用过手机阅读。当数字阅读逐渐成为民众所青睐的一种阅读方式时，纸质阅读时代就慢慢过去了。有学者预言，工具书将最先退出人们的视野，其次报纸、期刊、小说、学术著作等将会依次没落。因为数字阅读内容包罗万象，可是划分方法却不太科学，所以本文将从手机阅读、电子书阅读器阅读以及网络阅读这三个层面，一一论述数字阅读的发展情况。

二、手机阅读

有关统计数据显示，到 2014 年底，我国使用手机的用户已达 5.57 亿，在所有网民中，手机网民所占比例高达 85.8%。不仅如此，手机上网次数，以及手机上网时长也呈增长的态势。有 36.4% 的网民每天使用手机上网达

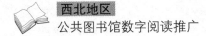

4 小时以上。手机用户在阅读时，会选择这样两种方式，要么下载相关手机软件，要么直接浏览网页。现如今随着人们阅读需求的提高，应运而生了一批阅读应用程序，像微信阅读、掌阅 iReader 等。

三、电子书阅读器阅读

电子书阅读器一开始发展势头很猛，后来逐渐回落，它具有存储量大、内容时时更新、携带便捷等优势，受到人们的追捧。尽管在智能手机和平板电脑的快速崛起下，电子书阅读器不再受到人们的青睐，可是相关调查报告依然显示，平均两个美国人中，就有一个人使用电子书阅读器。

四、网络阅读

当电子设备覆盖面越来越广，更多人持有手机、平板电脑后，网络阅读市场快速发展，纸媒市场遭到巨大冲击，生存空间越来越小。到2014年底，中国已有 6.49 亿网民，互联网覆盖率达 47.9%，用台式电脑联网的比例为 70.8%，用笔记本电脑联网的比例为 43.2%。

第四节　数字阅读带来的实质影响

一、阅读革命

数字阅读在如今这个信息高速发展的社会，掀起一股阅读狂潮，传统图书市场遭到冲击。数字阅读可以让用户需求得到更大程度的满足，俘获不少读者的心，具有显而易见的优势。将现代技术派上用场，在市场上起到引领作用，共享人类的科技成果，这是时代发展的必然。

数字阅读打造了一种随处可见的阅读环境。由于移动阅读设备的出现，阅读已经不再受到时间和空间的约束，人们随时随地都可以开启阅读，阅读的便利性大大提升。阅读和工作、生活、学习密切相关，成为一种再寻常不过的生活方式。在人们生活的各个环节中，都可以见到阅读的身影。人们可以将碎片化时间充分派上用场进行阅读，持续提高认知，增加确定性，提升生活水准。

二、网络共建共享

移动设备不仅体形小巧，携带方便，而且具有多种功能，存储量惊人，由此得到用户的青睐。截至 2021 年 12 月，我国网页数量为 3350 亿个，内容覆盖方方面面，并以文字、图像、动画、音频等多种形式表现出来，供读者阅读。互联网作为一个实时交互平台，随时都有信息上传，用户只需联网，就可以了解最新资讯。

三、多样化阅读习惯

在数字技术的帮助下，让用户不同的阅读习惯得到满足。用户以智能检索、分类查找等方式获取想要的信息，可以对阅读界面进行个性化设置，还可以分享到其他社交平台，对电子文档进行归类。最新的电子墨水技术可以制作出可媲美纸质书的仿真纸质书，尽可能保护视力。数字阅读技术甚至可以提供朗读功能等。

交互式阅读体验让每个人都拥有双重身份，既是读者，也是创作者。在如今这个网络遍地开花的时代，用户既可以了解外部世界，接收他人的资讯，还可以拥有自己的用户群体。这种交互式的阅读模式不仅可以让人与人之间沟通变强，吸引一批志趣相投的用户，还可以加速信息的传播。

个人特点突出的阅读方式需要人们持续去探讨，研发新的阅读服务，像在用户界面展示用户咨询，向用户推送与其阅读习惯相符的内容，并推送与之相关的信息，拓展其知识面等。

第五节　数字阅读发展的隐患

一、强力浏览问题

美国作家理查德·福尔曼曾说过这样一句话："只要点击鼠标，所有人都可以成为那个庞大的网络的一员。"在如今这个数字时代，人类阅读的行为和习惯必然会发生变化，人们阅读的时间变得零散，阅读内容为了迎合当代人们的需求，也变得短小，不够有深度，这种现状令人担忧。

虽然数字阅读内容以迅捷、交互、流通为优势，和高速发展的城市现状相适应，可是传统阅读中的思考和专注却在日渐消失。无处不在的链接、弹窗广告，正隐隐暴露出人们的焦躁不安，将原本连续的阅读切割成碎片。数字化内容会让人难以集中注意力，时常忘了自己的初心，而真正深刻的阅读则需要身处孤独之中。尽管在如今看来，这样的观点有些绝对，可是它也的确揭示出数字阅读的浅薄性。

在过去的出版形式中，一本广受好评的图书不管是内容，还是结构，都是有章法和深度的，只有细细品味，方知其中真味。可是到了网络时代，读者通常会直接采取搜索的方式，在最短时间内获取自己想要的信息。当大量散乱无章的结果出现在人们眼前时，人们很难找出自己真正想要的信息，更别提深入思考，提出自己的观点了，也就更别提形成自己的知识体系了。

2006年，知名网站设计师杰柯柏·尼尔森曾提出这样一个观点：浏览者在浏览网页时，会不自觉地以"F"形的模式阅读网页，也就是网页前面几行是精读，后面就变成略读，这种走马观花式的阅读习惯也会对数字阅读产生深刻的影响。我们大脑是有记忆力的，也有着超强的适应力，受到相应刺激以后，它就会向相应的模式发展。当人们的大脑不断被各种信息填满，习惯于快速阅读时，过去有深度、思考型的阅读模式就会让他们感到不适。与此同时，这种"强力浏览"的方式还会毁坏人脑过去的记忆机制，这也难怪很多科学研究显示数字阅读会让人记忆力下降。

二、信息过载问题

网络上充斥着各种各样的内容，需要人们去辨别真伪，否则很容易受到不良影响，形成错误的价值观。虚拟网络世界允许用户自由表达，且传播不受时空的限制，观点一致的人往往聚集在一起，形成自己的阵营，像现在的"水军"，通常以某一个群体为单位，在网络上发声，引导舆论。与此同时，人工智能技术发展到一定程度，编辑文稿、描绘图像等工作都可由机器人来完成了。所以，阅读数字内容的读者需要在阅读时多一些思考，多一些辨别，在纷繁复杂的网络环境中保守初心。

信息过载是一个让人非常头疼的问题，信息过载带来的不仅是大量的信息量，而且会引发信息品质下降。当信息量猛增，人们的选择面也会扩大，为了在大量的信息中找出自己想要的信息，人们需要花费大量的时间和精力，难免会让人感到厌烦，对正常的生活、学习造成干扰。在如今这个信息大量充斥的时代，在信息传播过程中会出现大量雷同的信息。对于同样一条信息，由于不同的人理解不同，有些人会将其视为噪声。由于信息量过大，人脑信息承载量超负荷，人们要想获得有用的信息，必须先排除大量的无用信息。这种信息过载所带来的危害是巨大的，不但会让工作效率直线下降，还会让读者的自我教育能力受损，和其他社会成员之间的关系变得陌生等。

如今处处流行功利主义，人们愈发把阅读当作一种消费手段。古人读书时往往怀着一颗虔诚、敬畏的心，读书主要是为了修身养性，提升道德品质。而到了现代，由于文化向物化的方向发展，人类的情感、欲望、需求等都被视为一种商业资源，阅读的功利性也愈发显著，不再停留在高雅

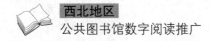

的品位上，而转向实用性、娱乐性和目的性上。人们已经很久没有捧起一本经典作品阅读了。不管是对于个人来说，还是对于社会来说，阅读都不只具有单一功能，也不用一味崇尚崇高，可是除了功利和目的以外，还要给心灵留出一块栖息地，接受高雅文化的熏陶。

三、安全隐患与问题

在 2015 年的 3·15 晚会上，我们亲眼看到了黑客是如何窃取手机隐私的过程，所有人都目瞪口呆。当数字化浪潮席卷全国，人们在享受网络技术带来的极大便利时，也烦恼于个人隐私、信息安全等信息伦理问题得不到保障。

信息伦理是指：信息研发、传输、管理和利用等方面要遵循的伦理上的规则，并据此所形成的新型伦理关系。所涵盖的内容有：①侵犯知识产权。将知识产权保护范围内的信息为自己所用，侵犯知识产权所有人的合法权益。②侵犯个人隐私，在网络上窥探个人隐私，进行信息欺诈等行为。③制造和传播网络病毒，攻击各类信息系统，对信息安全产生威胁。④发布和传播不真实的甚至是有害的信息，造成严重的信息污染。

在如今这个网络时代，因为信息存在严重的不对称性，拥有信息的人和分享信息的人发生矛盾，而网上信息太多，极易被人滥用，导致信息不合法传播。再加上有关法律法规又不够完善，特别是对于知识产权的保护，存在很大的漏洞，时常会发生侵犯知识产权的行为。因此，应该加大信息立法，制定信息伦理规则，对个人信息行为加以制约，加大技术研发的力度，增强公民防范意识，确保信息安全，这些都需要所有人主动遵守。

第六节　数字阅读的未来

一、从阅读史看数字阅读

　　阅读的概念并不是一成不变的，阅读一开始是得到视觉信息，并对其内涵加以理解的过程。阅读是指理解物体表面的不间断的文本符号。而到了数字时代，当语言、文字符号持续进步，阅读有了更深层次的内涵，即指通过数字化设备对数字化内容进行认知或传输的过程。

　　古代文字鲜少有书写的，当时的读者主要位于上流阶层，更准确地来说，当时的阅读是听读。后来，由于出现册页抄本，文本分出了段节，书籍据此有了现代特点。到了中世纪，只有少部分人认识字，而且书籍种类也不多，大部分情况下，阅读依然是一种集体活动，可是听读已经合二为一。这时，有一部分人意识到个人安静阅读代表着深思，默读慢慢形成一种风尚。印刷术出现以后，特别是古腾堡活字印刷术出现以后，阅读领域发生了一场革命，书籍不管是种类还是内容都增加了不少，价格越来越低，读者规模也越来越大，图书成为一种普通消费品。而在如今这个时代，得益于数字化设备与技术的帮助，阅读不再受时空的约束，可以为读者提供更多、更有用的信息，让读者的阅读体验更好。

　　阅读从一开始只专属于少数人，后来成为所有人的消费方式，阅读方式也从精读变成泛读，人类的阅读需求也在持续被研发。纵观西方阅读史的发展踪迹，在这个信息时代，数字阅读只是一种新的阅读方式，并没有改变阅读的本质，而且因为其具有免费、用户体验好、广泛等优点，在读者中很受欢迎。而且数字阅读和传统阅读之间也不是完全对立的，只是有些许不同。用发展的眼光来看，数字阅读和传统阅读可能只是新

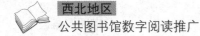

旧事物在互相挤占生存空间。我们不知道将来的阅读形态还会发生什么样的变化，可是我们完全可以相信，人类阅读历程并不会在数字阅读这里终结。

二、重塑阅读的未来

技术文明给人类馈赠了数字阅读这一礼物。阅读媒介作为搭载知识的风帆，几经发展，一直走在前进的道路上，一开始是甲骨文、竹帛，到后来的纸书，再到现在的数字设备。从进化论的角度来说，其持续变化的生存状态和不断变化的人类环境是相适应的。可是载体再变，本质内容都不会变。

假如说阅读是内容和载体的结合体，那么在数字阅读环境下，不同的用户客户端就是内容载体一体化的出口。传统出版企业假如是内容产出者，互联网企业如果有自己的渠道，那么这时就可以派上大用场。其中，阅读的关键在于内容，纸质文献数字化也好，原生数字内容也罢，都是人类智慧的结晶。而数字内容则是通过特定的渠道来传播和获取的，由网络信息传输表现出来，根据目标用户的不同爱好来细致划分内容、准确推送，数字出版行业以后就会向这个方向发展。

阅读方式、阅读需求、阅读习惯等都因为数字技术的发展以及其他因素的作用，而产生了颠覆性改革，阅读内涵更丰富了。传统的纸质出版物由于让读者领略到了古典美，因此它会一直存在下去。数字阅读则会不断丰富其内容和数量，对用户体验愈加看重，致力于给用户提供更具有针对性的服务，而且在技术的作用下，数字阅读的内容也将尽可能和用户持续变化的阅读需求相适应。数字音频和视频等作为新的阅读体验，还会持续发展下去。有声读物、视频讲座、美妙的音乐等都可以用来补充阅读文本，它们要么自成一体、要么相互融合，让读者的阅读体验更好。与此同时，交互阅读等阅读方式会取代传统单向的阅读方式。

三、回归阅读的本质

阅读的概念是什么？界定的依据是什么？在彼得·A.瑞德帕兹看来，

阅读就是对文中词句进行诠释，从而对作者的写作初衷加以了解的行为。《中国大百科全书》是这样界定阅读的概念的：阅读是一种从文字中了解意义的心理历程，包括一系列过程和行为。在曾祥芹看来，阅读是读者从文字材料中获取意义和情感的过程。王余光觉得，阅读是读者和书面语言相互作用的过程。尽管大家给阅读下了不同的定义，可是阅读的实质始终是阅读主体得到客体意义。读者主动获取信息数据，进而得到感受、认知等。

即便阅读的量和质发生再大的变化，读者始终至上。人类能动性反映客体的过程就是认知活动。认知主体和阅读对象之间进行沟通和交流，就是在获取阅读信息，而人作为认知主体，则决定了选择什么样的阅读内容。在数字环境下，要尤为看重人的能动作用，包括将其他信息排除在外，主动在线上工作、学习，面对复杂的网络信息环境，给出恰当的应对方法，快速查找自己想要的信息，更具有辨别力，在获取海量信息时融入自己的思考等。所以，不能对数字环境下阅读的深度和方式提出质疑，并将其归结于媒介的改变和阅读形式的改变。与之相对应的是，读者在拥有全新的阅读体验时，应尽可能发挥主观能动性，和数字环境更好地适应，关注于消化和吸收阅读内容。

著名的组织理论家罗素·艾可夫在一次发言中创建了"数据—信息—知识—智慧（DIKW）"金字塔层级模型。在信息环境下，我们可以在网络中轻松地表达自己的想法、传送资料，每日接收到庞大的数据，处在金字塔最底端。经过处理的数据变成信息，会上升一个层次。可是只有经过个人理解、吸收，才能将信息内化为知识。而从信息到知识的过程，就要经过阅读。以阅读的方式得到文本所想要表达的意思，并经由人脑对散乱无章的信息碎片进行加工，变成知识甚至智慧。

事实上，如果非要将阅读的意义找出来，必然会以结果为导向，让阅读本身失去太多乐趣。阅读原本是没有意义的，可是阅读行为却无时无刻不在发生，就和呼吸一样自然，成为我们生活中不可或缺的一部分。阅读完全是一种自觉自愿的行为，没有规章可循，也没有目的。

第七章
公共图书馆的数字阅读建设

第一节　公共图书馆与数字阅读的契合

一、理性看待数字阅读

数字阅读时代已经悄然来临，毋庸置疑，图书馆作为一种有机生长体，一定要和数字化变革的形势相适应，将现代化的数字技术派上用场，对图书馆的设备加以改进，从而让数字阅读拥有更好的外部基础，进而突显其作为一个空间存在的意义。在建设智慧城市的过程中，图书馆搭上互联网的快车，给公众提供不同的数字内容，主动进行信息素养教育和计算机技能培训等，从而有益于数字信息的完善、公民信息权益的保障。所以，到了数字时代，图书馆的存在依然是合理的。

在图书馆馆藏资源建设中，纸质文献依然是其中的核心部分。首先，书的版式、纸张、油墨等外部形态和书的印刷、制作工艺等，原本就属于阅读和历史。其次，一部分人仍然想要阅读纸质文献，青睐于触摸纸张的阅读体验。与此同时，作为人类知识文化遗产的保存机构，图书馆有责任长期保存承载知识信息的纸质文献。

此外，数字阅读和纸质阅读也不是完全对立的两面，二者是可以相互取长补短的，一起给用户提供服务。图书馆在对传统纸质文献进行妥善保存的前提下，还应该加快建设馆藏数字资源，以数字化的方式描述和显示馆藏资源，主动加入社交媒体，和读者沟通；建设数字化特色资源，比如建设相应网站等，根据需求收集网络资源、数据库等内容；研发相关移动应用程序，将图书馆的资源和服务推送给用户移动终端；从读者的阅读爱好和习惯出发，对用户进行分类，给读者匹配他们所需要的信息。

二、坚守公共图书馆的核心价值

2002 年，澳大利亚图书馆与信息协会对外公开的图书馆核心价值，涵盖的内容如下：确保可自由得到知识的相关记载；推动人们在思想层面的沟通；让人们的信息素质得以提升；获得更多的学习资料；尊重不同读者的个性；给人们提供专业的借出服务。

在信息技术的快速发展下，图书馆赖以生存的环境也有了根本性变化。国内学者目前将关注的重点放在怎么在信息时代下，从容面对挑战，探讨图书馆的核心意义。在数字环境下，图书馆依然要致力于对人类文化遗产加以收集、保存，推动信息的传递，确保公民可以自由获取信息，提供专业化、智能化，更具有针对性的服务等。公共图书馆一直将"智慧与服务"当作践行的核心理念。所以，打造完备的知识信息保存体系，一直和社会发展保持密切的关联，举办多种服务活动，才能让图书馆一直保持活力。

三、公共图书馆数字阅读的未来

公共图书馆制度源于民主政治，国家为了让公民的知识权利得到保障，从而选择了这一制度。公共图书馆作为一种公共制度，可以对公民自由获取信息、享用信息等方面的权利加以保障。既然是一种制度，那么公共图书馆就不可能消失，即便社会发展至现代化、数字化，公共图书馆也不会因此瓦解。当信息贫富分化的差距越来越大，数字鸿沟问题显现得更加突出时，公共图书馆的重要性也会愈加突显出来。

作为社会信息中心的公共图书馆，应该对用户信息需求有充分的了解，并加以分析，用专业的服务方式，把知识信息有效传递出去，让用户的需求得到更大程度的满足，让用户的信息素养得到提升，倡导更文明的生活方式。公共图书馆应致力于馆内资源的宣传，推动开展社会阅读，加强社区凝聚力，为打造书香社会出一份力，关注弱势群体，营造一个平等的社会环境，让普通民众的幸福指数更高。

数字阅读更侧重于读者的阅读体验和独特需求，大家据此开始思考内

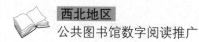

容和用户这两大核心的意义所在，更加看重用户体验，通过什么样的方式让用户体验度更佳成为一个热门话题。不管是滑屏阅读、触屏阅读、有声书阅读、动画书阅读等多样化的阅读形式，还是用交流式阅读取代传统单向阅读，都会让用户的阅读体验变得多样化。而不同的用户，其阅读需求也截然不同。从用户的阅读习惯和爱好出发，尽快找到其想要看到的阅读内容，会加快信息转化的过程，让用户更加满意。

第二节 数字阅读背景下阅读方式的转变

一、新型阅读方式的兴起

上海图书馆开全国之先河，最早让读者享受到电子书阅读器外借的服务。这种前所未有的服务方式，图书馆界同行艳羡，也让部分读者有了不一样的阅读体验。虽然上海图书馆这一创举在之后有被人诟病的地方，其他图书馆很难照搬，可是这一服务将目光瞄准了读者愈发旺盛的数字阅读需求，还是值得我们点赞的。

我国数字阅读方式的出现，事实上也经历了一个漫长的过程。20 世纪 90 年代初期，一批新兴的互联网人就将计算机网络派上用场，再加上一些诸如 QQ、MSN 等即时通信工具的风靡，使更多人成为网民。随着搜索引擎技术的发展和大面积使用，人们之间的信息沟通速度更快了，多种电子书、知识库等风起云涌。进入 21 世纪以后，不同的电子阅读设备横空出世，像亚马逊公司的 Kindle、索尼公司的 Sony Reader 等，让数字阅读这股风浪越刮越猛。随着微信、脸书等社交网络的覆盖面越来越广，大众愈发想要接触网络了。同时，在谷歌公司的引领下，规模浩大的纸质图书数字化工作也如火如荼地进行着。目前，我们经常在地铁上看到这样的景象，年轻人纷纷捧着阅读工具进行数字阅读。随着全球数字图书馆的出现和信息基础设施的逐步改进，人们都激动不已，好像我们已经更进一步靠近信息和知识了。

人们的生活方式因为社会信息化、数字化的到来发生了很大的变化，有关调查数据也对这一点进行了验证。联机计算机图书馆中心（OCLC）于2007年公布了一份研究报告，共对6163人进行了采访，包括英、美、德等六个国家在内，年龄最小14岁，最大84岁。结果显示：4年或4年以上网龄的网民占九成，五成人网龄超过7年。2005年，有71%的人使用搜索引擎，而到了2007年，这个比例上升到90%，使用电子邮件的人达到97%，55%的人会在互联网上浏览信息或购物，46%的人使用博客。到2014年6月底，在所有网民中，使用即时通信的人数最多，达到89.3%，使用社交网站的人数排第二，达到61.7%；使用微博的人数排第三，达到43.6%。相关调查结果显示，2014年，我国有58.1%的成年人使用数字化阅读方式，和2013年相比上升了8%。

二、数字阅读会替代纸质阅读吗

数字阅读方式出现以后，会不会让人们的阅读生活发生翻天覆地的变化？纸质书还有存在下去的必要吗？这些问题曾引发热烈的探讨。明眼人会立刻说出这样一番话：一项新事物未来会如何发展，通常会具有很大的不确定性，历史也许会捉弄我们，和我们预言的方向完全相反。美国知名图书馆学家兰开斯特就曾经在《通往无纸化信息系统》一书中声明，"无纸化办公"的现象可能会在不久的将来出现。可是历史告诉我们，纸张并没有消失，反倒使用量还在攀升。一项研究结果表明，一些运用电子邮件办公的组织中，纸张使用得比以前更多了，有四成的上涨。

数字阅读会不会在将来的某一天将纸质阅读剔除出这个世界，也许这种情况就类似于"无纸化办公"的情况。截至目前，我们仍然没办法证明数字阅读就一定好于纸质阅读，更遑论剔除了。这一点也得到世界上很多图书馆学家和人类社会学家的证实。

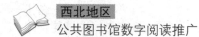

克里斯廷·L.博格曼作为数字图书馆界第一人，曾对比过数字载体和纸质载体，它们的区别如下：① 相比纸张和缩微胶卷，数字载体保存的时间更短。用无酸纸记载的文献假如在低温、低湿度的条件下保存，连续保存几个世纪都不是问题，而且，纸张可以在不借助任何设备的情况下肉眼可见，更具有直观性，而数字信息是无法做到这一点的，必须借助相应的设备才能使用。② 人们更愿意借助纸质载体阅读，和纸质载体相比，电子阅读设备成本更高，被盗的可能性大，还得使用电源，如果出现故障，还要维修。

在美国图书馆协会前主席戈曼看来，"科技狂"存在于诸多领域，当然也包括图书馆学领域。这些人觉得新科技肯定好于旧科技，旧科技早晚会被新科技取代。事实上，有很多新科技在使用时都遇到了诸多问题，而侥幸成功的新科技，也只是让用户多了选择，并没有将旧科技逐出市场。就像电影院出现以后，剧院依然存在；电视出现以后，电影也依然存在。一样的道理，印刷品也不会因为数字化传播的问世，而退出历史舞台。

戈曼的观点和哥伦比亚大学人类社会学家威廉·费尔丁·奥格本的研究成果趋于一致。在其所著的《社会变迁——有关文化和先天的实质》一书中，奥格本说："人类在推动物质文明前进的过程中，必然要经历一个有效积累的过程。在物质文明累积的过程中，并不是要剔除所有旧的形式，通常是它们被某个群体或某个群体的一部分放弃了，而它们依然存在于其他地方。人们开始发展工业以后，农业依然存在。铁路开通以后，运河也依然存在。汽车出现以后，马也依然存在。旧的形式可能会被某一群体彻底放弃，可是它却会被其他社会群体所使用。这个过程告诉我们，物质文明将愈加丰富。正是因为物质文化累积是带有选择性的，所以才造就了如今复杂的社会。"

我们从以上几位大师的哲思中体会到，过早说"数字阅读会取代纸质阅读"是不可取的。实践已经告诉我们，数字阅读并没有取代纸质阅读，反倒是纸质阅读又迎来一波爆发期。2014年的《全球图书市场报告》显示，全球图书消费市场愈加有信心了，不管是美国，还是印度、澳大利亚，包括我们国家，纸质图书的销量都呈上升的态势，而电子书销量则开始走下坡路，电子书设备的销量也随之下降。在如今的图书市场份额中，电子书所占比例还不到三成，将来变数还会更多。数字阅读进入主流阅读频道，还需要经历一个漫长的过程。可能纸质阅读和数字阅读相辅相成，共同发展，才是发展的主旋律。

第三节　数字文献资源建设

一、数字阅读时代的"书"

信息和知识都处在动态变化的过程中，而它们的变化正好推动了人类社会的发展。"书"——纸质图书也好，电子图书也罢，都是人类文明的结晶。

图书总是被人们当作物质的实体，"图"代表的是绘画，"书"记录的是文字，"图书"二字合在一起就代表着古今文献。从知识的角度来说，图书事实上具有不稳定性，因为它是人类智慧的结晶，当人的个性和志趣发生变化时，它也会跟着发生变化。甚至在不同的阶段，同一本书也会对同一个人产生不同的意义。

"书"的内容在数字时代由一种新的形式表达，即比特（BIT），它好像不存在一样，其实它和实物载体是不可分割的。就像马塞尔·普鲁斯特曾说的："我们生命的慢慢消逝，会马上在某种物质对象中隐藏。假如我们没有发现它，它就一直藏匿其中。我们以那个对象为媒介，来对生命中的某个片段加以了解，我们呼唤出它，它才能获得自由。"

有的人用分散的"注意力单元"来形容书，有的人用分散的"意识流单元"来形容书。智者觉得书是一面镜子，可以反省。

二、数字文献的来源

通常情况下，数字文献从这样两个方面而来：一类是"数字的"，另一类是"数字化的"，前者是指源于电子文本或电子录像的事物，后者是指对纸张或胶卷进行转化，使之成为数字型的事物。数字文献有多种来源，像以手机或电脑为介质录入的文字、音频、视频、电子邮件、照片等。庞大的网络信息资源就是由这些数字文献构成的，它们按照相应的组织方式，在不同的数字图书馆、数据库和知识库中分散存在。

毋庸置疑，数字阅读主要来源于不同机构创建的数字图书馆。在《20世纪西方与中国的图书馆学》中，范并思先生曾写过："当社会已经对一般网络信息服务的优缺点了如指掌以后，数字图书馆就应运而生了，当人们刻意联合网络信息服务技术和已有图书馆的根本机制和关键技术时，它就出现了。"和网络上繁杂的数字信息相比，经由专业人员处理过的数字图书馆中的信息内容的准确度更高，也更加稳定。

三、数字文献的局限性

相比具有悠久历史的纸质文献，数字文献很晚才出现，而且信息含量不高。在已有信息中，以电子形式存在的文献只是少量的。经过长久的积累，印刷型文献大多在图书馆、档案馆、博物馆等单位保存着，基本上都还停留在印刷型，没有数字化。互联网上的信息和图书馆等机构收藏的文献内容几乎都是不一样的，因此，数字文献还需要一定的知识累积。

在如今这个网络遍地开花的时代，文献的产生不再拘泥于纸张，文献内容被转化成比特，文献中的所有字节经过重重加工，最终形成数字化的文献。

如今科技正向"智能制造"时代发展，智能机器人问世以后，可能会再次让未来的阅读景象改换模样。如果智能机器人像人类一样会读、会写，那么它们可能就会成为我们今后所阅读的文献的生产者。其实，这样的现象已经在现实中上演了。早在几年前，财经新闻就可以用叙事科学

（Narrative Science）公司的程序自主产生。2014 年初洛杉矶发生地震时，深入前线报道的第一位记者就是一个机器人——Quakebot。因此，有人发出这样的质疑："新闻都由机器人代劳了，那记者的饭碗何在？"我们可以大胆地预测，建立在智能机器人和算法基础上的自动化写作服务会越来越完善，在人们生活的方方面面，都可以看到机器人"写作"的身影。就如同马丁·斯科塞斯导演的电影《雨果的巴黎奇幻历险》中所显现出来的那样，在不久的将来，我们就可以看到机器人会写、会画的场景了。

当我们进入数字时代，尤其是出现第二代互联网（Web2.0）技术以后，网民都开始狂欢了，互联网世界掀起一股浪潮。

比如维基百科，这个全球性多语言百科全书合作计划，是以维基技术为基础的。由于任何人都可以借助浏览器查看或编辑内容，推动用户积极参与到建设和分享中，所以维基百科有"自下而上的草根百科全书"之称，其内容堪称用户集体智慧的产物。因为审核特别严格，所以维基百科上的文章的可信度非常高，所以它又有"大英百科全书"之称。可是，也有一些专家提出质疑，比如，戈曼就用"新联机集体主义"称呼维基百科。同时，戈曼也不太相信诸多博客作者所创作的文章。他用"理性的沉睡"称呼 Web2.0 的出现。戈曼作为知名的图书馆学家和书目界响当当的人物，在新事物方面，戈曼可能理解得更到位。他对其中的不同之处了然于胸，他是这么说的："印刷出版的学术作品与互联网上的无政府主义作品有着本质的差别，差别就在于，前者是稳定的、值得信赖的，因为有权威机构盖戳认证，而后者则缺少这样的专业认证。"尽管戈曼的言论引起了诸多网友的不满，可是我们还是应该好好思考一下他提出的观点。

就像戴维·温伯格在其著作《新数字秩序的革命》中，曾说过这样一句话，纷繁复杂的互联网信息都是零散的。在这个每个人都自成一体的时代，信息太多了，我们不得不怀疑其准确性和真实性。可是，假如不对信息知识进行分辨，又怎么知道真假呢？

四、数字图书馆计划

数字阅读的主要资源都来源于数字图书馆。现如今，世界上诸多国家都在开展声势浩大的"数字图书馆计划"，以让全球人都可以自由、平等地了解资讯，尽可能消除"数字鸿沟"。

20世纪90年代初是全球性的数字图书馆最为风靡的时期，美国国会图书馆的"美国记忆"（American Memory）和中国国家图书馆的"国家数字图书馆计划"是当时影响力最大的项目。

2004年，谷歌的"数字图书馆计划"出台，立刻在全球引起轩然大波。2006年，互联网领头羊雅虎和亚马逊在线等，也先后对外公布了自己的数字图书馆计划。中国的"国家数字图书馆计划"、俄罗斯的"国家数字图书馆计划"等大型项目都在如火如荼地开展着。虽然联合国教育、科学及文化组织全力推动数字图书馆计划之间的合作、共享，可是因为这些计划是由不同的国家和组织创建的，自然会在文化和利益方面有些许不同。这些数字图书馆计划之间几乎都是相互割裂的，没有一丝衔接的迹象，对于想要多方面涉猎的求知者来说，肯定会遇到不少阻碍。

事实上，这也正好体现出全球文化的多样化、割裂性。从接下来的谷歌"数字图书馆计划"中，我们就可以对这一点了然于胸。

谷歌于2004年8月推出"Google Print"（后来改名为"Google Book Search"）新服务，声势浩大的纸质图书数字化工作开始在世界范围内进行。谷歌一开始对外公布，和哈佛大学等大学和机构展开合作，扫描这几个图书馆的馆藏图书，给用户提供免费搜索服务，这一举措一经推出，立马受到全世界网民的夸赞。谁知却被美国出版商协会诉诸至法院，而且这场官司旷日持久，僵持了好几年，直到现在仍然还有余波。谷歌"数字图书馆计划"不仅在美国麻烦不断，而且在德国、法国等欧洲国家也收到了一大片质疑声。当时的法国总统希拉克甚至要求法国在国内成立搜索引擎，在国内实行"国家图书馆数字化计划"，以对抗谷歌的一家独大。这里面的原因是多方面的，不仅有利益上的冲突，还有更深层次的文化矛盾。

从谷歌"数字图书馆计划"历经重重波折的过程中，我们不难发现，在全世界范围内获取知识和信息是一件非常难的事情，且过程极其复杂，它涵盖了方方面面，诸如政治、经济、社会、科技、法律等。在一些信息基础设施建立不健全、教育水平不够高的国家和地区，可能还会受到更大的约束，存在信息不对称、"数字鸿沟"越来越大的问题。

假如有一天，人们真的可以自由获取全球数字图书馆资源，这对于整个人类社会来说，都是莫大的福祉。

第四节　影响数字资源利用的主要因素

数字文献产生以后，怎么才能在互联网环境中真正获取有效信息呢？通常情况下，会对用户获取信息产生影响的主要因素如下：

一、信息基础设施

信息基础设施常被喻为"信息超级高速公路"，数字信息就是通过它来达到传输的效果的，像因特网、电网，以及和卫星电视一类的相关技术同步发展的远程通信"智能网"。要想得到信息资源，就必须以此为媒介。假如信息基础设施不太健全，甚至是匮乏，那么我们就难以获取远程数字信息，甚至连想都不敢想。

二、数字阅读终端硬件设备

保存在数字媒介上的信息都是以比特的形式存在的，人无法通过自己的眼睛直接看到，而必须以相应的设备为媒介，像手机、电子阅读器等，才能完成读写的工作。

三、数字资源组织方式

　　和印刷型文献相比，数字型文献的组织更加杂乱无章，可是它的好处也是显而易见的，当新的文献种类出现时，人们可以第一时间搜索到超链接。特别是网络文献，因为其具有多种形式，稳定性很差，再加上版权情况复杂，使得我们没办法精准地组织和描绘元数据。印刷型文献的组织分布通常呈线性树状，网络文献的组织分布通常毫无规则性，且呈网状，每个数字节点彼此连接，虽然让信息的可见度增加了，可是也让信息变得繁多，甚至造成信息过载问题。字节之间的链接层数和找到信息的难易程度是成正比的。

四、数字阅读软件平台

　　通常情况下，提供内容的供应商会在自己的产品或服务问世时，推出与之相对应的阅读软件。为了获取更大的利益，有的供应商会在阅读软件上加一些限制条件，比如用户必须登录后才能访问，或者对一些互联网协议（IP）字段的访问加权限等。与此同时，电子书格式的兼容性、能不能跨库搜索资源、平台界面的设计是否人性化等因素都会对用户使用的满意度造成一定的影响。

五、用户的信息素养

　　用户在使用数字资源时，会受到很多种因素的制约，像用户能否自如使用各种终端设备，用户有没有能力对信息进行鉴别，用户是否具备相应的外语能力以获取其他语种的信息，用户对于检索工具和技巧是否了然于胸，用户对于互联网有没有基本的了解等。

　　与此同时，像政治、文化等方面的因素也包含在其中，也会影响获取全球范围内数字资源的有效性。鉴于安全方面的考虑，一些国家和组织机构会控制、筛选数字信息的内容，所以，在使用数字资源时，会受到多种因素的影响，极其不稳定。

六、经济因素

在很多人的观念里，互联网上的所有资料都是不收取任何费用的，事实上根本不是这样。对于一些真正有价值的信息资源，用户如果想要获取其实是需要支付一定的费用的。"天上不会掉馅饼"，哪怕是读者在公共图书馆阅读数字图书馆资源，看上去读者似乎不需要付费，其实这个费用是由图书馆机构承担了。奥德里兹科曾提醒我们注意，"学术出版领域有不切实际的动因存在"。一心想要获利的出版商可以掌控知识产权，一些出版商（既具有商业性，也具有学术性）正在国内外寻求版权资源，想要更大程度掌握知识产权。假如他们成功了，那么和现在的印刷式出版相比，不管是学者，还是图书馆或是读者，想要获取数字资源，就必须付出更大的代价。在多重销售环节上，各种知识库、数据库都会有一些灰色地带出现，也很难定价。电子出版包含多个经济因素，在人们获取信息的过程中，它会起到决定性作用。

第五节　公共图书馆数字文献保存与
用户行为的特征

一、公共图书馆数字文献保存

数字文献的不足之处如下：一是在内容创造、组织使用等方面会受到相应的限制；二是很难长久保存和持续性检索数字文献，它关系到管理过程、管理系统、数据置换、应用模型、元数据、保存格式等各种因素。

随着信息技术日新月异的发展，保存数字文献所面临的威胁还会更大。

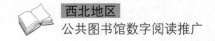

（一）保存介质与硬件设备淘汰速度快

对数字文献加以保存的介质，以及让内容可以显现出来的硬件设备，其更新换代的速度太快了。举例来说，人们之前录制音乐，是在特定的 LP 洗碟机的帮助下，在黑胶唱片上保存下来，然后借助留声机播放。后来，黑胶唱片逐渐被磁带、VCD、CD 取代，留声机则成了古董一般的存在。早些年曾风靡一时的软盘，如今早就被淘汰了，我们也没有相应的设备可以将这些媒介上的信息读取出来。而 Betamax 录像带和卷式影带就更别提了，几乎都见不到了。数字文献的长期保存和介质、硬件息息相关，介质、硬件逐渐跟不上时代的发展，会让数字文献的长久保存受到严重的桎梏。截至目前，我们都没有找到足够多的证据，可以证明数字媒介能够保存超过一个世纪。因此，每隔几年，我们就要复制磁性介质，包括录音带、数据磁带等，从而让文献内容的可读性和完整性得到保证。

（二）格式不兼容

有这样一个显而易见的例子，在一台只安装了 Microsoft Office Word 2003 的电脑上，根本无法读写 Microsoft Office Word 2007 生产的特定文件。一定要安装对应的软件，才能阅读格式一致的文档。假如用户需要跨库、跨平台检索，如果数字文档是不同格式，而且无法兼容，那么检索效率就会直线下降。

（三）元数据描述上的困难

由于互联网网页会时刻更新，信息瞬息万变，原本就已经很难提取和描述元数据了，再加上知识产权的关系，则让事情变得更加复杂，会对内容的保存和提取产生严重的制约。所以，我们会遇到这样一个难题，如何辨别出合适的动态网页并加以保存。

（四）安全风险

互联网是对外开放的，规模庞大，包括的内容也特别多，它连接了不同国家、不同地区、不同组织的网络。当网络结构变得越来越复杂时，网络安全问题就突显出来了。网络中的数字文献也许会遭到黑客的不明进攻，数字信息的价值越高，越容易遭到攻击。当网络信息呈几何式增长，已经不能仅靠某一组织机构的存储设备来保存信息了，那样会造成信息过载的现象，很多网络信息都被保存在"云端"设备，可是哪怕运用到了云技术，数据也有可能遭到入侵。与此同时，由于数据管理上存在的人为失误，也有可能会丢失数字文献。

总的来说，不管是长久保存数字资源，还是持续检索数字资源，都还存在诸多未解决的问题。现如今，不管是国内还是国外，都已经有很多人在进行此项研究，且取得了初步成果。像联合国教育、科学及文化组织于 2003 年 3 月公布的《数字遗产保存指南》，就从多个角度论述了数字遗产的保存问题。可是从整体上来说，只有少部分文献提到了数字文献长久保存的标准，要想让这方面工作变得更加完善，我们还任重而道远。

二、数字阅读用户行为的特征

不管是生产数字资源，还是组织和保存数字资源，都是为了给用户使用提供方便。因此，谈到数字阅读，我们就必须充分考虑到用户。用户的数字阅读行为所涵盖的层面有很多，像阅读内容、阅读频率、阅读理由、阅读设备等，只有对用户进行全面的深层次的调查，才能回答这些问题。

因为用户的阅读行为包含多方面的内容，我们很难挨个进行探讨，所以这里只是对数字阅读行为的主要特征进行探讨，像阅读内容呈现碎片化、阅读体验注重个性化、阅读分享趋向社群化等。

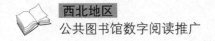

（一）阅读分享趋向社群化

互联网时代，网络上充斥着大量低价值的文字和图片。搜索引擎出现以后，读者慢慢掌握了阅读的主动权。尤其是社交网络出现以后，读者的群体化倾向愈发明显了。社交网络给用户提供的各项功能中，通常都包括群组功能这一项，在这里，用户可以和他人分享好玩的、有趣的事情，还可以创建虚拟社区。美国最受欢迎的两个社交网站就是脸书和聚友。而在中国一开始是新浪微博，后来又有了微信朋友圈。在这些社交网络的作用下，阅读内容可以大范围传播开去，并具有极强的针对性，可以更清晰地定位人群。随着脸书、推特等社交网站的兴起，人们获取资讯的方式发生了很大的变化，人们所了解的资讯通常是分享而来，而不是搜索而来。在这方面，BuzzFeed 是一个极具代表性的网站，它是一个综合的新闻网站，它的新闻来源于数百个新闻博客，以搜索、发送链接的形式，给用户浏览信息提供方便。经了解得知，BuzzFeed 一半以上的流量都是从脸书而来。微信创始人张小龙说，中国用户如果是在微信上阅读，那么他们的阅读内容八成来自朋友圈，两成来自订阅号。由此可见，人们的阅读方式深受社交网络的影响。2007 年 OCLC 发布的《网络社会中的分享、隐私与信任》报告中揭示，公众中大概有 28% 的人使用社交网站，这个数值在加拿大是30%，在美国是 37%，在英国是 29%，在日本是 22%，在德国是 13%，在法国是 10%。人们在社交网络中不仅可以分享内容，还可以创作内容，让内容质量更高，用户黏性更强。

（二）阅读内容呈现碎片化

我们总会在平常生活中看到这样的景象：在公共交通工具上，人们都变成了"低头一族"，有的是在玩手机，有的是在浏览平板电脑，有的是在读电子书。这种将碎片化时间利用起来的阅读方式，被人们称作"轻阅读"或"碎片化阅读"。这种阅读模式的特点如下：一是阅读的内容通常不长，比较零散；二是读者不是逐字逐句读的，而是一目十行，浏览的速度非常快,然后很快就把获取胡信息抛到脑后了。

因为人的大脑在接收信息、反馈信息时,都需要一个过程,"碎片化阅读"让大脑的思考时间严重不足,也许还会对人的思考能力造成影响。过去在翻阅纸质书的过程中,文本是呈线性排列的,内容的内在逻辑性相对更严密。而到了数字化阅读时代,文本是通过超链接的形式组织在一起的,内容散乱无章。假如一个人总是沉浸在"碎片化阅读"模式中,那么他的思考方式也会向碎片化的方向发展。

所以,我们要小心数字阅读变得碎片化,在快速获取资讯的同时,也要保持深度思考,以期获得一种平衡。

(三)阅读体验注重个性化

现在人人都在说,如今是注重体验的时代,要想得到用户的青睐,不管是产品,还是服务,都必须持续提升品质才能让用户体验度更佳。这一点也同样适用于数字阅读。

数字阅读不仅要在技术层面慎重考虑用户的需求,还要在内容层面让用户的体验更好。像用移动设备对书目信息进行检索,扫描二维码下载电子书,用户还可以对界面进行自定义,可添加标注,创建内容,跨平台访问,在阅读时不受时空限制,等等。还比如将大数据分析技术派上用场,对读者的阅读偏好加以了解,推送关联度更高的数字内容,从而帮助用户筛选有用信息,保留优质的内容,让用户的黏性更强,用户也会更愿意使用数字资源。

第八章

公共图书馆的
数字图书馆资源建设

第一节 国内外数字图书馆资源建设纵览

一、概述

21世纪，随着信息技术的不断迭代，尤其是"互联网+"时代的来临，信息生产、传递、存储的方式也随之发生了历史性的变革，数字图书馆应运而生，以无与伦比的优势正逐步取代传统图书馆成了图书馆体系的主体。

能不能快速、高效、充分地利用数字信息资源，是衡量一个国家科技创新力与综合竞争力高低的重要指标。数字图书馆是国家信息化战略发展进程中必不可少的一环，也是最重要的数字资产。因此，加快数字图书馆的建设，完善相关的配套服务，刻不容缓。

数字图书馆的研发与实践肇始于20世纪90年代初，由美国国家图书馆首倡。之后近十年间，全球各国各地区也陆续开始了相关的研究工作，数字图书馆产业进入蓬勃的发展阶段。

总体来说，数字图书馆的研究由浅入深共经历了三个阶段：①以机器可读目录（MARC）为基础，以图书馆书目管理系统的完善为核心特征的自动化建设阶段。②以互联网为基础，以分布式电子资源的应用为核心特征的电子文献信息资源建设阶段；我国现有的几个相对比较成熟的数字化图书馆就处于这一阶段。③以分布式网络应用技术和计算机应用技术为基础，以个性化、主动化、具体化为核心特征，通过对多媒体信息进行综合分析处理，因人、因需求、因群体提供相应服务的终极信息服务阶段。

20世纪80年代中晚期到90年代初期，第一代数字图书馆在我国就已经初具规模，书目管理系统的应用让图书馆摆脱了烦琐的搜索和检录环节，迎来了自动化管理的新时代。21世纪初，第二代数字图书馆随着互联网的蓬勃兴起而迅速普及。现在，第三代数字图书馆也在紧锣密鼓地研发和实践建设中，以用户为导向，综合各种资源，分层级、个性化的数字化服务已成为第三代数字图书馆发展的必然趋势和重要标志。

二、数字图书馆的研究方向

我国数字图书馆的理论研究工作肇始于1992年，共经历了肇始（1992—1999年）、高速发展（2000—2002年）和成熟调整（2003年至今）三个主要阶段。理论体系已经相对完备，研究机构数量与日俱增，研究人员的综合能力稳步提升，研究方向与趋势基本与国外相关领域保持同步。

与此同时，数字图书馆的实践建设工作也在稳步推进中，从20世纪90年代中后期到现在，我国已经建成了包括中国国家数字图书馆、中国高等教育数字图书馆和中国科学院国家科学数字图书馆在内的多个大型数字图书馆，其他中小型数字图书馆不知凡几。

云计算是21世纪初期推出的一种备受全球瞩目的新型、超大规模的计算方式，微软、谷歌、雅虎等IT行业的世界巨头都在云计算方面投入了大量的精力。"互联网+"时代，科技才是真正的第一生产力，方便、快捷、低成本、低能耗、高效率、高输出的云计算必然会成为未来计算机行业发展的大趋势，为计算机行业带来新的、大规模的变革，其广阔的发展前景有目共睹。

郑州大学外语学院的王莹，陕西科技大学的杨宇环、张敏，南京大学信息管理学院的韩普、沈思，福州大学图书馆的郝智红，分别从概念模型、应用趋势、技术攻坚、现实问题等多个角度对云计算技术在数字图书馆领域的应用做了具体、详实又全面的研究。

三、数字资源建设研究

数字资源建设研究一直是数字图书馆项目体系中的研究热点，备受中外学者瞩目，仅中国知网的数据库中，就有42 380篇相关的文献。以国家图书馆研究院副院长申晓娟、黑龙江图书馆孙元睿、北京师范大学图书馆李书

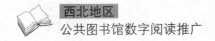
宁等为首的一批专家学者综合数字图书馆在发展、建设、推进中遇到的一系列理论难题和实际困难，提出了很多行之有效的建议，其中，以用户为中心、提升用户满意度、资源有序化、服务个性化等论点成了大家普遍关注的焦点。

四、数字图书馆元数据与互操作研究

在数字图书馆的建设中，理论和技术就像是齐头并进的"两架马车"，不仅都要有，而且都要硬。互操作技术是数字图书馆的中枢核心之一。从本质上来说，互操作就是资源的全面共享。最终目的是完善对外服务体系，构建一个庞大的、多元联动的数字图书馆联盟信息服务平台。

分布式搜索、元数据采集、中间件构建等，都是目前比较成熟的互操作技术成果。但总体来说，国内相关的研究还处于初级阶段，遇到的困难和问题层出不穷，仍需要进一步的研究与探索。笔者对包括大学数字图书馆国际合作计划、欧洲数字图书馆、Haith Trust、谷歌图书、美国记忆在内的八个大型文献数字化项目进行了综合分析与类比，发现注册、数据关联、转换技术的应用领域较为狭窄，映射、应用程序接口、协议、集成技术的应用频次相对较高。所以，由衷地建议，国内学者在进行互操作研究时可以以格式化、细粒度为主要方向。

五、数字图书馆信息服务研究

就目前而言，数字图书馆的构建、服务并没有形成全面、有效、普适、统一的体系，各国各地区各有各的核心理念，研究整体上呈现出地域化的分散态势，尤其是在数字图书馆信息服务研究方面，更是莫衷一是。

目前，我国数字图书馆服务领域的研究重点主要集中在服务模式转变和个性化体系构建上。有学者认为，个性化是数字图书馆未来的发展趋势，过去以项目和系统为核心的图书馆服务模式必将被以用户为核心的新的服务模式所取代。数据库个性化，服务手段和内容多元化，海量资源集中化，云计算、互操作、多载体协同等都是未来我国信息服务研究中应该重点关注的内容。

第二节 公共图书馆数字图书馆资源建设概述

一、数字图书馆资源建设的发展

"互联网+"时代，伴随着技术的发展、网络的普及，人们获取、搜集、传播信息的方式也随之发生了重大的转变。传统纸质信息渐渐被线上、虚拟、数字化的信息所替代。不知不觉间，互联网络已经成了信息传播的关键渠道之一。传统图书馆受到了前所未有的冲击和挑战。因此，将公共图书馆海量的资源以数字化的形式在网络上呈现，为公众提供更快、更好、更便捷的服务，无疑是公共图书馆未来发展最恰当的方式，两者既能优势互补，又能合作共赢。

公共图书馆在获取政府信息、公共资源、档案文献方面有着天然的优势，这种优势在互联网与数字化技术的加持下，可以被无限放大。经过云计算、互操作、数据库定向检索等处理，公共图书馆收集、保存的大量权威、系统、优质的信息资源可以高效、便捷地呈现在公众面前，为公众提供更好、更贴心、更实效的"一站式"信息服务。

在公共信息服务平台的构建和数字图书馆的建设过程中，不仅要保证硬件设施的完备，也要保证专业人才的充足。能够熟练使用自动化信息采编软件，具有一定的计算机操作基础，具备良好的服务意识和法律常识的人才，才是公共图书馆政府信息数字化服务能够顺利开展与推进的根本保障。

二、国内外数字图书馆资源建设及相关政策

数字图书馆的资源建设是一个庞大、系统的工程，涉及数据采集、

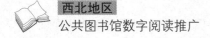

信息传播、数据保存、检索服务等方方面面的技术和工作。资源建设是数字图书馆建设中最关键的一环，它的质量直接关系着图书馆的服务质量和效能。

1. 国外数字图书馆资源建设概况

数字图书馆的研究和建设工作肇始于西方，从 20 世纪 90 年代初立项直至现在，作为数字图书馆建设核心的资源建设工作一直备受西方各国重视，大多数国家在实践操作中专门对资源建设做了长期、高效的规划。

世界上第一个进行数字图书馆建设的国家是美国。1998 年，美国藏书量最丰富的国会图书馆正式开始数字化进程。2000 年，信息技术战略委员会经过多方论证，提交了一份可行性极高的信息战略发展报告，对国会图书馆未来十年的发展给出了建议，其中最主要也最重要的一条就是建设数字图书馆，按照不同层级、不同职能对图书馆的资源进行数据归档、整理、镜像、公开与保存。2007 年，国会图书馆又制订了新的五年计划，将增强资源共享、创新资源存取方式、提高用户服务体验作为阶段性的新目标。国会图书馆近些年开展的一系列资源建设项目，如美国记忆、国家数字信息基础设施保存项目、世界数字图书馆、国会图书馆网络资源存档项目，都是在这一规划的指导下开展的。与此同时，大英图书馆《2008—2011 年发展战略》、法国国家图书馆《2009—2011 年三年计划》、澳大利亚图书馆《2008—2012 年数字资源保存方针声明》等战略性规划中也都明确提出了未来数字图书馆资源建设的目标、计划、原则和新倡议，如尊重知识产权、统一行业标准、对数字资源的获取和保存予以足够的重视、提高协作、提高数字资源的共享率等。

2. 国内数字图书馆资源建设概况

数字图书馆这一概念初次传入我国是在 1995 年。经过艰苦卓绝的努力，目前，我国已初步建成了具有中国特色的，兼具个体性、商业性、区域性、国家性，并与世界接轨的数字图书馆服务体系。我国在数字图书馆技术规范和标准制定、业务服务、数字资源建设等多个方面，都成绩斐然。

因为是摸着石头过河，所以数字图书馆建设之初，局面十分混乱，没有统一标准，处处被动，缺乏开放的环境，知识产权保护方面做得也很不到位。但在全社会各界相关人士众志成城的努力下，我们渐渐扭转乱局，由被动走向主动，渐渐开放，形成了统一的标准，有了全面的规划，知识产权保障方面也越来越完善。

仅以中国国家图书馆为例。"十一五"期间，中国国家图书馆制定了六大发展目标，其中之一就是"全面采集各种载体的文献信息资源，建设文献信息资源保存与提供基地。文献信息资源获取能力进一步提高，文献信息资源控制能力进一步增强"。截至2009年底，通过外购、馆藏、网络搜集、数字资源缴送等方式，中国国家图书馆已经搜集到了涵盖古、今、现三代，以期刊、图书、地图、音像资料文本、图片、手稿、拓片等为主体的各类数字资源327太字节（TB）。

"以数字资源建设为核心，基本建成国内较大规模的分布式文化信息资源库群，数字资源建设总量不少于100TB"是"十一五"期间，全国文化信息资源共享工程的既定目标。截至2017年底，这一目标已超额完成，工程获取的数字资源总量已经达到532TB。

此外，在中国高等教育文献保障系统（CALIS）的组织与协调下，中央党校图书馆、上海图书馆、国家科学图书馆等相关单位已完成资源同频和共享，建立了以数字化图书、电子期刊、学位论文为主的覆盖所有重点学科的学术文献资源体系。

同时，公共数字产业的勃兴也带动了商业性数字资源产业的发展。1993年，万方集团成为中国首家数字资源生产商。之后，以清华同方、超星、维普、方正阿帕比、书生为代表的一大批数字资源生产商如雨后春笋般涌现。市场供需的变化，又催生了爱迪科森、缘来文化等大批数字资源供应商。目前，在我国数字图书馆资源建设中，商业性的数字资源已经成了不可或缺的一部分。

虽然我国在数字图书馆资源建设方面取得了很多成果，但依旧存在着一些不足，比如缺乏统筹规划、共享机制不够灵活、服务方式僵化、重复建设与盲目建设现象严重、缺乏处理知识产权纠纷的经验、管理水平亟待

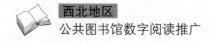

提升等。

第三节 《数字图书馆资源建设指南》

一、制定背景及经过

2009 年 3 月，中国国家图书馆接受第七次全国数字图书馆建设与服务联席会议的决议，担负起《数字图书馆资源建设指南》（以下简称《指南》）的起草工作。当时，国内数字图书馆资源建设过程中问题频出，却没有一个全国性的、全局角度的、统一的行业规范与框架来指导数字图书馆资源建设。为了改变这一状况，从整体上提高我国数字图书馆资源建设的水平，促进数字图书馆产业持续、稳定、健康发展，满足公众在新环境下日益增长的信息需求，中国国家图书馆在起草《指南》的过程中，不仅进行了大量的实地调研，还广泛征询了相关专家的建议。2009 年 11 月，第八次全国数字图书馆建设与服务联席会议如期召开，中国国家图书馆提交了起草完成的《指南》初稿。2010 年 3 月，经过近半年的审议、修改、完善，初稿审议通过，并于 2010 年 5 月 27 日正式对外公布。

《指南》兼具了前瞻性、指导性与实用性三个特性，共包含三个方面的内容：对两个基本概念进行了定义；对四个基本理念进行了系统的阐述；对资源建设规划制定过程中应该考虑的问题一一作出了说明。

1. 两个基本概念

《指南》中提到的基本概念有两个：数字图书馆资源和数字图书馆资源建设。其中，数字图书馆资源是指"以数字形式发布、存取和利用的信息资源的总称"。数字图书馆资源建设是指"一个涵盖了从信息资源选择、采集、组织、保存到管理的系统工程"。数字图书馆资源建设的目标是"使信息资源形成一个内容丰富、选择精良、查询便捷、方便利用的有序整体，使各种类型、各种来源、各种语种、分散异构的信息资源组成一个相互联系、相互依存、发挥整体效能的系统"。

2.四个基本理念

为了保障数字图书馆资源建设的科学性、可持续性和规范性，在建设过程中我们需要遵循四个基本理念：

（1）遵守法律法规、保护知识产权，注重维护图书馆用户的合法权益。

数字图书馆资源的搜集、保存、传输主要依赖于互联网。这一方式虽然便捷，却存在一定的风险，很难控制。因此图书馆方面要采用各种技术手段与措施，切实保障知识产权人的利益，尽量减少知识侵权事件的发生。同时，作为公众获取各种重要信息的主要渠道和载体，图书馆方面还要切实利用好自身的资源优势，在知识产权保护和信息资源共享方面寻求一个平衡点，尽最大努力保障信息资源的公共传播和共享。

（2）遵循统一的标准。

数字图书馆的互操性、可持续性、可利用性、开发程度和共享效率都需要以统一的标准来保障。标准的构建主要以数字资源建设的生命周期为主线，以数字资源建设与服务中出现的各种需求为核心参考，涵盖了数字内容创建、数字对象描述、数字资源长期储存和组织管理、数字资源服务等多个环节。

近些年，部分国家级数字图书馆在资源建设过程中相继启动了标准规范的制定工作，为地区性、商业性数字图书馆标准的制定提供了依据。一般说来，数字图书馆在进行资源建设时，首先要遵循的是国际和国家标准，其次是行业标准，如果没有，可遵循普适性的行业规范。与此同时，各个数字图书馆也应具体问题具体分析，结合自身的资质、资源、地区环境、服务需求等实际情况，制定相应的标准和规范。

（3）以用户需求为导向。

数字图书馆建设的目标之一，就是满足民众日益增长的信息需求。因此，在资源建设过程中，分析和研究用户的需求，以用户需求为导向，制订相应的服务策略，就成了至关重要的一环。只有精准把握用户的需求，才能及时、快速、准确地进行信息传播、分享和服务，才能确保信息服务质量，避免盲目、重复、无用的资源建设，最大限度降低资源的浪费率。

（4）制订科学的资源建设规划，保证资源建设有计划、有步骤地进行。

制订资源建设规划是数字图书馆资源建设过程中的首要任务。资源建设的任务、目标、步骤、方法等都需要资源建设规划来明确界定。它既是资源建设工作的宏观指导，又能起到提纲挈领的作用，是资源建设能够有计划、有步骤顺利推进的最重要保障。

二、资源建设规划的内容

为了确保数字图书馆资源建设工作有计划、有步骤地推进与开展，《指南》中专门指出，资源建设规划要从以下几个方面进行综合考量：建设原则、建设方式、建设工作内容、建设策略、建设经费、建设管理。

1.建设原则

综合数字图书馆的用户需求、职能定位、馆藏特色、地域环境等多方面的情况，《指南》规定，在数字图书馆的资源建设中应着重遵守实用性、特色化、系统性和共建共享四个基本原则。

（1）实用性原则。

图书馆的职能定位不同，资源建设的任务、目标、方法自然也千差万别。所以，在进行数字化资源建设时，图书馆应该因地、因人、因定位、因需求制宜，结合自身情况，制订切实的建设规划和服务体系，不要盲目跟风。

（2）特色化原则。

在长期的定向服务、定向收藏过程中，每一个图书馆都会在不知不觉中形成自己的特色。这种独一无二的特色，既是亮点，也是优势。数字图书馆的资源建设，就是要结合用户需求，立足和扩大这种优势，将建设重点放在突出馆藏特色和地域文化上。

（3）系统性原则。

数字图书馆的资源建设工作不是独立的，需要兼顾资源的连续性、完整性、可覆盖性、学科包容性、体系联结性等多方面的内容，保障知识体系可以不断更新、扩充，形成合理的构架。同时，图书馆还要有层次、分重点地对不同类型的馆藏数字资源进行集中的梳理、分类和规划，力求以用户需求和本馆特色为核心，建立一套合理、完备，能不断优化的数字资源服务体系。

（4）共建共享原则。

随着互联网的普及，公众对信息资源的需求与日俱增，资源再丰富的图书馆也无法以一己之力满足用户的所有需求，图书馆之间开始跨区域、跨学科、跨系统联动，共建共享就成了数字图书馆资源建设的必然选择。如此，数字图书馆之间才能真正形成优势互补，同时完善和推进数字资源保障体系的建设。

2. 建设方式

数字图书馆资源建设的方式有多种，最常见、最主要的三种建设方式是合作建设、自主建设和引进建设。合作建设指图书馆与图书馆或图书馆与其他第三方机构形成联动，以合作的方式共同进行数字资源建设。自主建设指图书馆以自身资源为依托，通过互联网采集、专题库建设、特色化资源导航等方式，构建丰富、完善的数字化体系。引进建设指图书馆在数字化建设中，以购买、租用、受赠、许可授权等方式对外部资源进行引进，以丰富自身的资源储备。

数字图书馆资源建设没有统一的模板，各地各级图书馆在资源建设过程中，要依托自身实际情况，综合考量资金、基础设施、服务、馆藏等多方面的内容，选择最恰当的建设方式。

假如经费条件允许，资源建设过程中可以适当增加部分市场成熟的数字资源的采购量，最大限度地获得许可授权，扩充服务范围。假如某些资源市场上较为缺乏，用户需求量又较大，图书馆可以参考自身人员、设备、资金、技术等情况，优先选用自主建设的方式，对数据进行数字化处理，比如建设特色数据库，策划专题数字展览，提供数字化导航服务，等等。

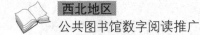

假如条件相对成熟，还可以与其他图书馆合作，通过共建共享的方式，优势互补，对数字资源进行建设，从而实现资源的最优化配置，形成联动效应与规模效应。例如，2018年5月，中国国家图书馆就曾向数字图书馆建设与服务联席会议各成员单位发起自主版权数字资源和转授版权数字资源的大规模征集。这是我国数字图书馆资源建设进程中十分有益的一次尝试。

3. 建设工作内容

《指南》中明确指出，数字图书馆资源建设的主要内容是"根据数字图书馆的建设目标，结合资源的主题内容、类型、载体等，确定资源建设对象"，而非被动地、单一地对传统文献进行盲目提取和数字化复制。

图书馆在进行资源建设时，可以根据数字资源版权类型、许可模式、存取状态等的不同，自主选择购买、受赠、互联网搜集、数字化加工、交换、互联网导航等多种建设方式和途径，多管齐下，最大限度丰富馆藏资源，构建完善的服务体系。

具体来说，在不同的情况和条件下，进行数字资源建设要采取不同的方式：如果相应数字资源的市场机制比较成熟，可以直接购买；如果市场机制不太完备，需求量却很大，可以根据自身实际情况，分期、分批、分层次对自身拥有的资源进行专题化、特色化建设；如果图书馆拥有相对优秀的互联网采集能力和渠道，可以以用户需求为导向，针对重点需求、热点需求进行多样化采集，同时，扩大自身数字资源存取量；如果软硬件条件都允许，图书馆之间，图书馆与博物馆、档案馆、科研院所、相关企业之间可以在平等互惠的前提下，有选择、有条件地进行资源交换和共享。

图书馆馆藏的文献资源总体上来说可以分为传统载体资源与数字资源两部分。两者相辅相成、相互补充，又各有优缺点。今后相当长的一段时间里，整合两种资源、促进两者之间的转化利用率将是数字图书馆资源建设工作中相当重要的一环。

4. 建设策略

为提高数字资源的利用率，统筹数字图书馆资源建设工作，《指南》中给出了七条切实可行的建设策略：

（1）数字图书馆的资源建设应该以满足社会公众通过网络获取信息与知识的需求为目的。

简单来说，这一策略的核心就是以用户需求为导向，努力扩大自身数字资源存取量和提高资源服务水平。因此，鼓励图书馆自主创新，充分利用自身资源、地位、渠道优势，有针对性地进行版权征集工作，拓宽资源获取渠道，在法律允许的条件下，最大限度地提高资源的利用率和服务效能。比如，中国国家图书馆就利用多媒体矩阵渠道，广泛征集权利人授权，开创了一条便捷、有效的版权获取新途径。

（2）以联合采购作为资源建设的主体途径。

图书馆之间相互联合，通过统一、规范的渠道，对所需数字资源进行大规模的集中采购，既能节约采购成本和建设成本、提高整体效益，又能最大限度地减少资源的重复购买率，将资源的优势最大化。

以 CALIS 的资源建设为例，因为联合了全国各大高校，分批、分期、分类型进行集中采购，仅一期数据库项目，就节约了约 1200 万元的经费。比起分散采购，优惠比率高达 25%~40%。

（3）加强横向联系，促进共建共享。

"互联网 +"时代已经到来，伴随着信息技术的飞速发展，获取方便、传播迅速、无视时空距离、能够大量存储与提取的数字资源将取代传统的纸质媒介成为未来资源建设的主体。数字资源的共建共享，相对来说，也具有无与伦比的强大优势。因此，加强图书馆之间的横向联系，整合和优化资源利用体系，规范共建共享相关标准，避免重复建设，已经成了数字图书馆资源建设工作中不可或缺的重要一环。

（4）增加技术研发成本，提高技术研发效率和技术利用率。

从本质上来说，数字图书馆就是一种基于互联网的、全新的信息资源服务方式。它的建成、发展、勃兴，与信息技术的迭代、发展始终息息相关。换言之，数字图书馆建设的方方面面都离不开技术的支持，技术就是数字图书馆的血肉和骨架，没有相应的技术支撑，数字图书馆就是空中楼阁，根本就建不起来。因此，增加技术研发成本，发展信息技术，如提高光学

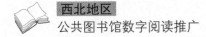

字符阅读器（OCR）技术、信息处理技术、自动标引技术、信息抓取技术、数字水印技术、指纹防盗技术等的利用率和新技术的研发效率，这都是数字图书馆资源建设进程中需要长期、持续开展的工作之一。

（5）以级别确定加工标准。

按照我国《数字资源加工标准与操作指南》中划定的标准，数字资源大体可以分为三个层级：档案典藏级、复制加工级和浏览级。不同层级的资源，加工需求和标准截然不同。档案典藏级资源一般用于重要档案的保护与存储，不对外开放，不提供互联网获取渠道，加工精度极高，不允许压缩处理，文件的尺寸、格式、大小都有相应的标准；复制加工级资源一般都是源文件和图像母本，加工精度较高，访问需要一定的权限；浏览级资源是公众访问互联网时获取到的主要信息资源，可以下载打印，访问没有限制，加工精度较低，允许压缩，对文件的规格没有严格限制。

（6）建设具有良好专业素养的员工团队。

数字图书馆的工作人员是图书馆资源建设工作的执行主体，需要极高的专业素养。

优秀的外语阅读、听写能力，良好的图书情报学素养，较高的计算机实操水平，只是最基础的要求。除此之外，数字图书馆的工作人员还要具备文献数字化、文献标引、资源库建设、互联网资源采集等相关的多项专业技能。

（7）遵纪守法，充分利用政策与法规优势。

数字图书馆的资源建设必须在遵纪守法的前提下，充分利用相关政策和法规带来的优势，拓宽数字资源的获取渠道，最大限度地提高数字资源的获取率和利用率。

《中华人民共和国著作权法》第二十四条规定，图书馆可以基于"陈列或者保存版本的需要，复制本馆收藏的作品"。《信息网络传播权保护条例》第九条规定，"为扶助贫困，通过信息网络向农村地区的公众免费提供中国公民、法人或者其他组织已经发表的种植养殖、防病治病、防灾减灾等与扶助贫困有关的作品和适应基本文化需求的作品，网络服务提供者应当在提供前公告拟提供的作品及其作者、拟支付报酬的标准。"在数字图书馆资源建设过程中，巧妙、有效地利用这些条款和法规，有助于丰富图书馆的资源馆藏、扩充服务维度。

5.建设经费

数字图书馆的资源建设是一项庞大的、系统的工程。无论是购买各类技术服务，购买磁带、磁盘、云空间、移动硬盘等数据资源载体，购买商用数字资源，购买相关阅读设备，进行员工培训，构建图书馆框架、结构，丰富各项相关职能，还是文献数字化加工，数字资源的整合，版权的购买，授权许可的获得等，都需要巨额、充足的资金。资金不到位，数字图书馆的资源建设就无以为继。因此，图书馆方面要开源节流，积极拓宽资金获取渠道，在寻求政府政策支持的同时，多管齐下，多元互动，以保证资金的持续与充裕。

6.建设管理

《指南》中关于建设管理的内容一共有四条，分别是：①结合图书馆建设实际情况，制定科学完善的数字资源建设管理制度，规范数字资源的建设标准、工作流程、责任机制，通过一以贯之的管理对建设进度、节点、效率进行精准控制。②改变以经验和主观判断为基础的落后管理模式，建立完善、高效、量化、有统一标准的数字资源管理新平台。③建立健全数字资源建设评估体系，全方位、多维度、多层次地对数字资源进行科学评估，并以评估结果为参照，对建设规划、步骤、任务、目标等进行适时适当的调整，以贴合实际、提高效率。④加强经费管理，在经费使用过程中，规范审批程序，提高监管效率，增强经费利用效率，尽量做到专款专用。

第四节　公共图书馆数字图书馆资源建设的现状与挑战

一、我国数字图书馆建设现状

我国数字图书馆的建设起步较晚，20世纪90年代末才刚刚开始，但发展势头十分迅猛，国家也从政策、资金、社会舆论等多个方面给予了大力支持。"十二五"期间，由中华人民共和国财政部和中华人民共和国文化部联合主导的"数字图书馆推广工程"也在全国范围内如火如荼地推进。

与此同时，国内各级各类图书馆也与时俱进，积极开拓资金与资源渠道，主动引进新资源、新技术，不断完善数字图书馆的理论研究和实践建设工作，建立健全相关管理体系和服务体系。截至2018年底，全国公共数字图书馆的数量已经达到3184个，连续十年保持增长。与此同时，数字图书馆的建设渐渐从重点、大型城市下沉，逐步扩散到基层，县级、乡级甚至村级的数字图书馆渐渐增多，不同规模、层级的信息共享工程、电子阅览室建设工程和综合文化站项目层出不穷。省内虚拟专网、特色数据库、多媒体终端接入等服务不断升级，迄今为止，我国公共数字图书馆资源建设已初具规模，并呈现出蓬勃发展的态势。

二、数字图书馆建设面临的挑战

前途是光明的，道路是曲折的。目前，在数字图书馆的建设方面，我国虽然已经取得了一定的成果，但伴随着信息技术的不断迭代、互联网环境的剧烈变迁及公众日益增长的信息资源需求，各种困难与挑战也接踵而至。

数字图书馆建设区域差异、层级差异十分明显。东部、中部地区数字图书馆的数量、规模、资源储备、服务质量等明显要优于西部地区。县级、乡级数字图书馆的软硬件条件、服务水平、员工专业素养等与国家级、省级和市级数字图书馆相比，仍存在明显且巨大的差距。同省份不同市、同市不同县、同县不同乡镇的数字图书馆之间也存在一定的差距。

数字图书馆资源建设过程中对新技术、新媒体的应用明显不足，根本无法满足公众日益增长的信息资源需求，无法为公众提供全面、多样、实时、多载体的便捷数字服务，无法及时察觉公众信息需求的变化，并做出有效的应对。资源建设进程中也存在服务敏感度低、执行力弱、态度差等各种问题。

数字图书馆建设过程中缺乏统一的、权威的、普适的技术标准和建设标准。现有标准的可执行性较低，覆盖范围狭窄。不同系统、不同领域存在不同的规范标准，无法全面兼容，甚至存在矛盾与分歧。互操作、同步、跨区域、跨系统的服务、检索等目标依旧遥不可及。

第五节　公共图书馆数字图书馆推广工程

一、概述

为改变不同区域、不同层级图书馆发展不均衡的现状，推动国家数字化资源建设，推动文化的传承和社会的进步，数字图书馆推广工程应运而生。

工程以"一库一网三平台"的建设为核心目标，力图在新的市场常态和技术常态下打造以新媒体矩阵为基础的图书馆服务新业态。其中，"一库"指建设分级分布式数字资源库群；"一网"指覆盖全国的公共数字图书馆虚拟网；"三平台"指开放式信息服务平台、国际文化交流平台和中华优

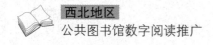

秀文化展示平台。

"一库一网三平台"的建设丰富了各种通信网络渠道,公众借助手机、电脑、数字电视、平板电脑等多媒体设备,通过短视频、直播、移动社交平台等方式,能够搜索、接收到海量的信息,在实现自我提升的同时,也充分了解政治、金融、外交、立法、教育、科研等各方面的知识,增广见闻、拓宽视野,更好、更全面地认识世界。

二、数字图书馆推广工程实施情况

为保障国家数字图书馆推广工程的顺利推进,相关组织和单位在中华人民共和国文化部(现中华人民共和国文化和旅游部)的统筹指导下,多次召开会议,集思广益,明确推广战略,制订推广计划,统一推广思路,采用各种方法、途径推动工作的开展。截至目前,工程进展一切顺利,成果也十分喜人。虚拟网络的互联工作已经初步完成,系统平台的搭建和运营也已告一段落,专业人才培训、软硬件设施升级、资源统筹等配套工作也都取得了不小的成果,社会面反响良好。

2018年,在财政收入增速放缓的情况下,中央财政依旧加大了对地方的转移支付力度,给出了6.22万亿元的预算,其中87.2%的预算分配给了中西部地区。有了雄厚的资金保障,中西部地区的基本公共服务水平得到大幅度提高,一批大体量、高水平的数字图书馆正在加紧建设中。县级、乡级的电子阅读室、数字图书馆也在逐步普及。

三、软件系统试点部署

在数字图书馆推广工程建设期间,以中国国家图书馆为首,浙江省图书馆、首都图书馆、厦门市图书馆、长春市图书馆、绍兴市图书馆为代表的多家图书馆共同推出了统一的用户系统,初步实现了线上联动和互操作,构建了中心、省、市(地)三层体系框架,创新推出了覆盖多省多区域的读者认证服务,为数字图书馆在全国范围内的深入普及和推广做出了一次非常有益的尝试。

四、丰富数字资源共享方式

自从数字图书馆推广工程实施以来，中国国家图书馆一直担纲着领袖与表率的作用。通过建立数字分馆、拓宽虚拟网络服务渠道、构建资源镜像等多种资源共享方式，将各馆优秀优质的资源共享出去，以提高数字图书馆的推广进度和优质文化资源的辐射力度。

为了让读者能够多层次、多视角、全方位地了解中国优质文化和信息，中国国家图书馆将自身拥有的 1900 TB 各类型的数字资源分享给了各个地方图书馆。与此同时，中国国家图书馆还利用自身的先期优势，积极协助新疆、贵州、福建、黑龙江、吉林等地进行推广工程网站和数字图书馆建设，并联合国内16家大型数字图书馆建立公共数据库，拓宽数字资源容量，提高资源利用率，为读者提供更优质、更贴心、更切实的服务。

值得一提的是，在实际的推广工作中，中国国家图书馆没有墨守成规，反而与时俱进，不断推陈出新，充分利用起了互联网电视平台、互联网直播平台、移动数字平台、互联网社交平台、IP 电视服务平台、手机门户网站等多种多样的新媒体平台，构建了全方位、无死角的全媒体推广矩阵，为数字图书馆在社会层面的普及和推广奠定了坚实有力的基础。

由中国国家图书馆主导，吉林、贵州两省协助，以手机门户网站为依托，共同构建的掌上图书馆不仅能够满足用户最基本的阅读、检索、信息处理需求，还提供在线讲座、专题数据库查询和线上展览等高端信息服务。与此同时，中国国家图书馆与贵州、福建、吉林、海南等省合作共建的数字电视服务项目也在有条不紊地进行中。

五、合力双赢、共建共享

作为数字图书馆推广工程的主导单位之一，中国国家图书馆一方面秉持着"联合、共享、开放"的基本原则，从技术平台搭建、规范标准设计、数字资源建设等方面对各省市的数字图书馆建设给予指导、协助和支持；另一方面深入各地各级图书馆和数字服务单位开展全面、深入的专项调研，

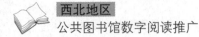

了解工程实施过程中的真实需求，不断对实施方案进行细化调整，总结经验教训，及时规划新的设计思路，力图走出一条合力双赢、共建共享的新道路。

在中国国家图书馆的数字图书馆建设规划中，要求以耦合的模式加强全国各级各类数字图书馆的联动机制，系统平台相互对接，整合资源、优势互补的同时，提倡创新，走新型数字化道路，加快平台之间的相互支撑。

除了积极申请中央财政拨款，从经费上给予地方馆大力支持外，中国国家图书馆还不遗余力地从技术、设备、经验、服务、业务管理、人员培训等方面为各省市数字图书馆的推广建设提供有效的帮助。

针对地方，尤其是基层数字图书馆推广建设中出现的管理不到位、服务不规范、资源和专业人才缺失等问题。中国国家图书馆给出了多套行之有效的解决方案。尤其是在人才培训方面，中国国家图书馆投入大量人力、财力、物力，组织专家，开展线上授课，通过上机实操、模拟演练、业务交流等方式最大限度地促进地方图书馆员工能力的提升。2012 年 4 月，中国国家图书馆还因需制宜，开设了第一批"数字图书馆推广工程系统平台培训班"，对来自 33 家省级图书馆的 60 多位相关从业人员进行了专业培训，极大地提高了参训人员对中国政府公开信息整合服务平台和读者统一认证服务平台的了解，增强了其业务能力，培训效果十分显著。

第六节　公共图书馆数字图书馆推广工程的重点工作

数字图书馆的推广和建设都是长期任务，任重道远，不可能一蹴而就。为了不断提高和完善数字图书馆的软硬件水平、资源存取量和服务水平，形成全面、精准、具化、覆盖整个中国的数字图书馆服务体系，国家在拟订数字图书馆推广工程计划时，着重对七个方面的工作进行了部署。这七个方面分别是：

一、实现全国虚拟网的互联互访

以覆盖范围广、利用率较高的互联网、移动通信网和广电网络为依托，从上到下，分层级构建相互联通、共享共建的数字图书馆虚拟网络。通过虚拟专用网络（VPN）技术等相关的核心技术，在保障数据，数量、质量、传输速度和安全性的同时，加速推进省市与国家之间、省与省之间、同省不同市之间数字虚拟网络的互联，并借此实现全国虚拟网络之间无限制、跨系统的互联互访，为更安全、更便捷、更贴心的数字资源服务体系奠定坚实的基础。

二、完善软件系统平台的建设

硬件建设和软件建设是数字图书馆建设中必不可少的两个方面，硬件建设主要依托设备、专业人员和技术，软件建设则以“一库一网三平台”的建设和整合为基本要务。

以中国国家图书馆为例，在稳步推进数字核心业务的同时，也逐步加大了在地方上的战略部署和资源投入，不仅建立了多个相互联动的文献数字化中心，构建了全国数字图书馆数字资源建设体系，还创造性地建设了全国数字资源版权信息库、全国数字资源唯一标识符系统、图书馆界集中检索分布式服务系统、全国读者实名认证系统等多个规范、实用、服务范围广的资源服务平台，为全国数字图书馆综合服务平台的优化、升级、不断完善提供了强有力的支撑。

另外，中国国家图书馆还与中国移动手机阅读基地、部分省市的数字图书馆和有线电视运营单位以多种方式展开合作，利用媒体矩阵的优势和共建共享带来的资源便利，改变旧有的服务框架，积极探索新媒体环境下数字图书馆的服务新模式，为建设和完善覆盖全国的、高速的、便捷的、稳定安全的且资源十分丰富的分布式数字图书馆服务体系而不断努力。

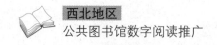

三、推进数字资源联合建设

数字资源联合建设工作是数字图书馆推广工程实施过程中需要稳步推进和重点关注的项目之一，是一项基础性的工作。

要做好这项工作，一是要做好技术攻坚，保障数字虚拟网络平台的安全性、专用性，解决资源存储、共享、传输过程中面对的种种难题。二是要做好全国公共图书馆自建数字资源元数据的登记工作。通过资源登记，国家可以从全局的角度，实时了解国内公共图书馆数字资源自建的现状，统筹规划，避免盲目建设和重复建设，对资源进行重新定位规划，以实现集群效应。目前，登记工作正在稳步推进中，国内市级以上的400多家公共数字图书馆已经初步完成了自建数字资源的普查、登记和数据汇总工作，为数字资源的深度建设——统一整合、集中检索、个性化提取和展示提供了可能。三是要确定数字联合建设的最终目标和主协关系，主导单位与协同单位之间勠力同心，相互合作，资源互补，共同构建特色集群和资源库群，充分发挥联合建设的作用和优势。

四、完善配置标准和方案

无规矩不成方圆，无标准难成体系。针对全国数字图书馆建设过程中出现的标准不统一、思路多分歧、资源重复配置等问题，2011年9月，中华人民共和国文化部专门颁布了《数字图书馆推广工程省级、市级数字图书馆硬件配置标准》，为各级各类数字图书馆的硬件建设工作提供了切实可依的标准。

五、建设专业的工作团队

人才建设是数字图书馆建设工作中至关重要的一环。为保障各级各类图书馆的服务质量和业务水平，中国国家图书馆每年都会不定期地举办培训班，针对不同岗位、不同需求的培训对象，开展不同主题、不同内容、不同层次的集中培训。

管理层、领导层的培训内容主要是数字图书馆的宏观构架、分层管理、概念理解和服务配置。基层、中层员工的培训内容则是计算机操作、外语读写、文献搜集、业务办理实践、用户需求反馈、工作纠纷调解等。

六、提升传统业务的服务能力

数字图书馆并不是传统图书馆的互联网复刻，传统图书馆也不是数字图书馆的线下资源仓，因为载体、构架、信息收集储存和传播途径上的种种差异，两者各有优缺，并不存在根本的对立。事实上，在新的信息常态和经济常态下，越来越多的数字图书馆开始担负起传统图书馆的职责。因此，我们要综合两者的优势，不断提升数字图书馆传统业务能力，增强互动，通过共建共享、互操作、联合建设等方式，在全国范围内开展服务系统建设。通过协作，在为读者提供海量、优质的数字信息资源服务的同时，也逐步开展国家书目数据建设，为国家立法、普法、教育改革、科研、经济振兴等各项工作提供必要的理论支持和信息支持。

七、加强工程实施保障

大海航行靠舵手，任何工程建设的成功都离不开果决的判断与明智的决策。

为保障数字图书馆推广工程的顺利开展，邀请相关领域的资深专家、学者组建专家委员会，就工程建设过程中出现的各种困难、问题进行评估审查、答疑解惑、决策判断，势在必行。

事实上，无论是软件系统的构架、基础框架的搭建、数字资源的搜集和存取、服务系统的更新和完善，还是全媒体矩阵的协同、共建共享服务的开展、特色主题的策划、各类资源的整合配置、图书馆的日常规范和管理、工程建设的监督监管，数字图书馆的建设和推广本就是一项牵涉多个领域，需要各界协同的大工程。

第九章

公共图书馆的数字信息
资源服务体系的构建

第一节　数字信息资源建设的
时代背景和现实意义

一、数字信息资源建设的时代背景

随着经济、科技、信息技术的不断进步，近 30 年来，国际、国内形势不约而同地出现了巨大的变迁。互联网的普及，人们生产生活方式的划时代变革，更让信息化成了当今世界不可逆的发展潮流。

信息化的概念肇始于 20 世纪 60 年代，1963 年由日本学者梅棹忠夫率先提出。经过 30 年左右的发展，到 20 世纪 90 年代早期，全球信息化进程才突然加快，并以不可思议的速度完成了信息网络体系构建、信息产业基础提升、社会运行环境优化和效用效能积累的全过程。

1993 年，美国结合自身发展实际，提出并实施了信息高速公路计划，俄罗斯、加拿大、日本、英国、法国等国家也争相效仿，投入巨额资金，开展国家基础信息建设。

我国的信息化建设发展相对较晚，"九五"期间提出专项规划，1997 年才正式提出和明确"信息化"和"国家信息化"的基本概念。其中，信息化是指"培育、发展以智能化工具为代表的新的生产力并使之造福于社会的历史过程"。国家信息化是指"在国家统一规划和组织下，在农业、工业、科学技术、国防及社会生活各个方面应用现代信息技术，深入开发、广泛应用信息资源，加速国家实现现代化的过程"。

经过近 20 年的理论研究和实践探索，我国的信息化进程不断加快，不但取得了一系列喜人的成果，还成功走出了一条以"信息技术应用、信息化人才、信息资源、信息技术和产业、信息网络、信息化政策法规和标准规范"为基本要素的，具有中国特色的社会主义信息化发展道路。然而，美中不足的是，过去很长一段时间，我们都把信息化建设的重点放在了信息技术应用和信息基础设施上，忽略了信息资源方面的建设工作。

信息资源是衡量一个国家国际竞争力、信息生产力和信息化水平的重要指标之一，是人类生存与发展过程中急需的战略性资源。信息资源的多寡、信息资源建设水平的高低直接影响着一个国家和地区的可持续发展水平和综合竞争力。认识到这一点后，国家及时从战略层面对信息化的发展纲领进行了调整，将以数字资源建设为核心的信息资源开发利用工作确定为"今后一段时期信息化建设的首要工作"。从 2002 年起，数字资源建设被正式提上国家日程。

"互联网+"时代，伴随着各类各级区域网络的普及，数字资源渐渐成为信息资源发展的主要载体。"数字校园""数字图书馆""数字城市""电子商务""电子社区""电子政务"等概念渐渐深入人心，人们的生产生活方式也随之发生颠覆性的变革，加强数字资源建设既是大势所趋，也是社会发展的必然，刻不容缓。

就目前而言，我国数字资源建设的整体水平相对较低，局部布局不合理，重复生产现象严重，组织混乱无序，缺乏宏观理念，缺乏长期的规划，太过侧重微观，软硬件设施建设和技术储备也相对滞后，各类信息资源的数字化建设、开发和利用都不尽如人意。数字资源的建设工作依旧任重而道远。

二、数字信息资源建设的现实意义

电子计算机的发明、计算机技术和互联网的不断迭代和更新，为全球信息化的迅速发展提供了无限可能。从 20 世纪 90 年代起，以美国为首的西方国家一直秉持着以信息基础建设为先的发展战略，高度重视数字信息资源的开发、建设和利用工作。

1999 年，美国结合自身实际情况，对《联邦信息资源管理政策》进行了再次修订，数字信息开发与信息共享被重点提及并制定了十分详细的实施细则。进入 21 世纪后，全权负责美国信息化建设工作的美国国家科学基金会将加强信息基础建设、推进数字信息资源开发、建设联邦数据库等内容写进了美国国家信息化发展战略规划中。2016 年，在大量调研、考察的基础上，美国有针对性地对部分具有广泛影响力的权威文献，如《公益网络信息资源可持续建设规划报告》《商用数字信息资源选取与保存理论和实践报告》和《数字信息资源战略规划报告》做了系统的修改，对数字信息资源框架的构建提出了多条有益的建议，还着重指出了在政策和法律允许的条件下，进行数字信息资源开发，构建资源共享和互操作平台的可行性和重要性。与此同时，英国、法国、俄罗斯、意大利等其他国家在数字信息资源建设方面也取得了不菲的成果。

相形之下，我国数字信息资源建设工作不仅起步晚、起点低，缺乏纲领性的规划，还存在各种各样的问题，如区域市场差异大、发展不均衡、资源利用度低、开发程度不足、产业规模小、结构单一、盲目建设和重复建设现象严重、技术相对落后、服务理念陈旧、对知识产权缺乏足够的尊重、盗版猖獗、跨区域的联动实现难度大、缺乏统一的建设标准和行业规范、从业人员素质良莠不齐、数字信息资源存储量低、数字信息资源应用量少、缺乏宏观规划、不同体系之间兼容性差、共享频率低、用户个人信息和平台数据信息安全风险高等。这些问题不是短时间内形成的，形成的原因也五花八门，因此，加强和完善我国数字信息资源建设，尤其是制订纲领性的规划，刻不容缓，其现实意义主要体现在以下四个方面：

第一，有利于对数字信息资源建设进行宏观调控，避免建设中的重复和无序。

无序竞争、重复建设一直都是我国数字信息资源建设中存在的"顽疾"，各地各区域各行业存在类似问题的不知凡几。唯有从国家的层面上，整体规划，统筹布局，宏观指导，合理安排，才是解决这一"顽疾"的良方。

事实上，早在 2002 年，在第一次电子政务建设部门工作会议上，国务院信息化领导小组就创造性地提出了建设四大国家级信息库——"法人单位基础信息库""人口基础信息库""宏观经济数据库"和"自然资源和空间地理基础信息库"的建议，并将这一项目列为国家电子政务建设一期工程的重点建设目标。四大信息库的建设分别由公安部、国家质量监督检验检疫总局、国家计划委员会和国家统计局主导，国家税务总局、中国科学院、水利部等相关单位协助，统一进程，群策群力，力求将经济成本、社会成本、技术成本和人力成本降到最低，将建设效果做到最优最好。

第二，有利于各地区、各部门从实际需求和现有的条件出发，建设各具特色的数字信息资源，提高资源的利用效率。

数字资源建设是一项庞大、系统的工程，其最终目标不是服务于某个行业、某些群体，而是服务于全国，服务于有信息资源需求的每一位公民，因此数字信息资源的开发和建设必须符合国情、符合民情，以用户需求为导向，秉承实事求是的基本原则。

我国是个幅员辽阔的大国，由于历史和现实原因，各省各地区经济、教育、文化、科技的发展存在巨大差异，信息化建设水平也极不均衡，在数字信息资源开发的过程中不可能搞一刀切，限定固定的模式和体系。因此，各省各地区因时因地因需求制宜，根据自身的实际情况，创造性地开展建设工作，将本区域的文化特色、地域特色、社会风情和民俗底色融入数字信息资源的建设中，提高信息资源的利用率，缩小地区差异，尽量减少和杜绝"数字鸿沟"，通过合理科学的规划，优化资源配置，完善数字信息资源建设保障体系，就成了新的时代历史条件下最佳的选择。

第三，有利于实现数字信息资源的标准化和规范化，促进数字信息资源共享。

独木不成林。即便是美国那样的数字资源大国，在日新月异的信息时代，也无法永远保持资源优势和数据垄断。数字信息资源跨区域、跨系统，甚至跨国界的共享是信息社会未来发展的主流，是大势所趋。

具体到我国，随着互联网的普及、互联网用户的激增、数据安全技术的升级、信息资源平台的不断完善，进行信息资源共享的条件已经基本成熟。但是，因为各级各类数字信息服务平台在搭建的过程中使用了不同的数据库格式、数字文献格式、图书馆运营管理模式和技术标准，这些格式和标准又采用了不同的核心算法和源代码，基本无法形成兼容，所以，本来水到渠成的信息资源共享工作变得困难重重。要改变这一状况，必须从国家的层面出发，通过相关法律法规、政策办法等，推出一套兼容性和普适性强、大众化程度高、切实可行、统一的数字信息资源建设标准，只有这样，资源无障碍、无条件的共享才能在未来真正被实现。

第四，有利于协调数字信息资源建设中各种利益关系，促进数字信息资源产业化的健康发展。

数字信息资源建设进度滞后、开发程度低、利用率不高的原因有很多，主体的庞杂性是根本原因之一。

数字信息资源建设是一项系统的工程，其建设主体既有担负着文献保存、资料传播等职责的图书馆、文献馆、档案馆、信息中心，又有兼具市场和商业属性的出版商、文化公司、互联网公司和相关的信息技术企业。如果把数字信息资源建设比作一个庞大的舞台，功能、定位、运行机制、最终目标千差万别的各个主体，在舞台上扮演的角色自然也就截然不同。彼此之间甚至存在诸多的利益冲突、流程冲突、资源竞争，甚至不可调和的矛盾。

举个最简单的例子，图书馆和出版商之间存在的矛盾。图书馆的职能是保存文献、传播文化、为公众提供优质的阅读服务，所以，在进行数字信息资源建设的时候，优先考虑的自然就是数字资源的利用率，希望能将更多的馆藏文献数字化，为用户提供更多更全面的服务。出版商是商人，商人以逐利为本能，在进行数字信息资源建设的时候，考虑更多的则是版权许可、授权纠纷和各种各样的利益。利益和目标的根本性冲突，让不同建设主体之间缺乏合作，资源难以同步，甚至存在相互拆台、恶意竞争的现象。要打破这一困局，就必须从全局的角度进行权威细致的规划，梳理不同主体之间的利益链条，建立科学合理的利益补偿机制，优化各方资源配置，从根本上缓解彼此矛盾。如此，各方才能勠力同心，共同促进数字信息资源产业的健康发展，提高数字信息资源的利用度、开发度和共享度。

第二节　数字信息资源搭建的层级

一、数字信息资源搭建概述

每一个系统都是一个整体，包含不同的层级与分支，子系统之间相互嵌套、联结，共同组成一个庞大、复杂、功能全面的大系统。不同子系统就相当于一个机器的不同功能模块，既相互影响，又相对独立，有着不同的目标、程序与功能设定。数字信息资源搭建同样是一个庞杂、巨大、烦琐的系统性工程，存在不同的分支与层级。

从信息资源管理研究的角度来看，信息资源管理活动大致可以划分为宏观、中观、微观三个层级。信息资源的宏观管理指"由国家信息资源管理部门在宏观层次上通过制定有关政策、法规、管理条例等来组织、协调信息资源的开发利用活动"；中观管理指"由各地区、各行业的信息资源管理部门通过制定地区或行业性政策法规和管理条例来组织、协调本地区、本行业内部的信息资源开发利用活动以及本地区、本行业与其他地区、其他行业间的信息资源交流关系"；微观管理指"由各级政府部门、信息机构和企业等基层组织负责实施，根据组织内部人员对信息资源的需求，合理组织、协调开展的开发利用活动"。

数字信息资源搭建虽然也是信息资源管理研究的课题主体之一，但因为性质、功能、适用范围、规划纲领、目标等的不同，在具体划分时，只划分了宏观和微观两个层级。

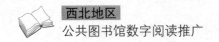
二、数字信息资源搭建的宏观层级

数字信息资源的宏观搭建，顾名思义，就是国家从全局的角度着手，对数字信息资源的建设、开发、利用进行宏观的指导，制订战略性的规划，统筹设计，总体安排，确定未来一段时间内数字信息资源建设、开发、利用的总方针、总目标和实现步骤、措施，以提升数字信息资源在社会领域的认可度、应用度，推动数字信息资源产业的良性、健康发展，优化数字信息资源的区域、领域配置，保障数字信息资源建设的导向正确性和预期实现率。

数字信息资源的宏观搭建既是国家数字化建设的重要组成部分，也是国家信息化的专项计划之一，其搭建主体必须具备国家属性。一般来说，需要在充分调研的基础上，由政府相关部门或者有资质的被委托单位来制定完成。各级政府及部门、社会企事业单位在进行数字信息资源建设时可以结合本地建设实际，适当予以参考。

三、数字信息资源搭建的微观层级

如果说数字信息资源的宏观搭建是从"做什么"的角度对数字信息资源建设、利用、开发的相关工作进行概括性、纲领性的阐述，那么数字信息资源的微观搭建就是从"怎么做"的角度对数字信息资源的建设、利用、开发进行具体、细致的规划和部署。

数字信息资源的选择、分类、采集、存取、组织、整合、管理、开发、利用，数字信息资源服务平台的搭建，各种软硬件设施的采购、安装、维护，经费的申请、筹集、使用、监管，建设前、中、后期相关数据的统计和调研，不同建设主体之间的协同共享，同一主体不同部门之间的统筹，建设标准的选择等，都是数字信息资源微观搭建需要考虑、规划和部署的内容。

第三节　数字信息资源建设的宏观层级内容

数字信息资源的宏观搭建是一个系统的过程，并不能一蹴而就，它的规划、拟订需要以我国数字信息资源建设的现状为立足点，综合考量国家相关的各项权威决策，如《关于加强信息资源开发利用工作的若干意见》《2006—2020 年国家信息化发展战略》等，在保证战略方向不偏移的情况下，从优化数字信息资源的配置、加快数字信息资源共建共享等重点问题着手，形成一套统一的、具有切实指导意义和参考价值的、符合我国国情和信息化发展特点的战略规划。

一、分析国家数字信息资源建设的战略环境

众所周知，影响事物发展的原因总共有两种，一是内因，二是外因。内因是发展变化的依据，外因是条件，两者缺一不可，而且能够相互转化。这一规律在国家信息资源建设过程中同样适用。事实上，外部战略环境对国家数字信息资源建设的影响一直十分深远。因此，分析和了解外部战略环境就成了国家进行数字信息资源宏观搭建的必要前提。

那么，影响数字信息资源宏观搭建的外部战略环境到底是什么？都包括哪些因素？PEST 分析法是业界应用最广泛的一种环境分析法，它将所有外因概括性地分为了政治（politics）、经济（economy）、社会文化（society）、技术（technology）四大类，每一大类下又包含若干小类。参照这种分析法，我们可以将影响国家数字信息资源建设的外部环境因素划分为下面几项：

（1）全球数字信息资源发展的整体环境，包括全球数字信息资源的数量、质量、类型、分布特征、发展现状等。

（2）全球数字信息资源发展的政治环境，包括各国各地区与数字信

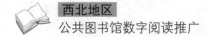
息资源建设相关的立法、政策、国际公约或协定；主导数字信息资源建设的组织、集体、主管机构等；各国各地区政府和相关机构对数字信息资源的认同度和支持力度等。

（3）全球数字信息资源发展的技术环境，包括数字信息资源建设的国际标准、国内标准、行业规范；数字信息资源建设的关键技术的开发、应用、升级；数字信息资源建设的系统实现。

（4）全球数字信息资源发展的经济环境，包括数字信息资源建设的经费支出、成本结构、相关收益；数字信息资源建设的价格策略、定价依据、竞争环境；数字信息资源建设的商业开发、运营模式；数字信息资源建设的市场整合、渠道开拓等。

（5）全球数字信息资源发展的社会文化环境，包括人们利用数字信息资源的主要行为特征；公众对数字信息资源建设的接受度和认可度；社会风俗、受教育环境和水平、价值观念、消费观念等影响人们利用数字信息资源的主要社会因素。

（6）我国数字信息资源建设的总体环境，包括中文数字信息资源的数量、类型、分布区域与分布特征等。

（7）我国数字信息资源建设发展的政治环境，包括与数字信息资源建设相关的政策法规、主导机构、方针战略等。

（8）我国数字信息资源建设发展的经济环境，包括我国数字信息资源建设的经费需求、来源；数字信息资源产业的发展阶段、发展现状；数字信息资源产品的市场情况、定价策略、商业运营模式与收益情况。

（9）我国数字信息资源建设发展的技术环境，包括我国数字信息技术发展的现状、主要标准、发展趋势、存在的矛盾和问题、面临的技术难点等。

（10）我国数字信息资源建设发展的社会文化环境，包括公众对数字信息资源建设的认可度、接受度、适应度；公众的数字信息资源利用率、利用方式；社会民俗、教育背景和受教育程度、价值观念等影响公众数字信息资源利用率的主要因素。

上面提及的各因素并不是孤立的，而是彼此影响、相互关联的，只有结合这些因素，对国内数字信息资源建设的情况进行全面、系统的分析，才能真正制订出一套科学合理的、行之有效的战略规划。

二、确定国家数字信息资源建设的战略目标

2004 年，中共中央办公厅和国务院办公厅联合下发的《关于加强信息资源开发利用工作的若干意见》；2006 年，中共中央办公厅和国务院办公厅发布的《2006—2020 年国家信息化发展战略》，同年，国务院信息化工作办公室下发的《关于加强信息资源开发利用工作任务分工的通知》都对国家信息化发展的战略目标做出了明确的解释和阐述。为此，中华人民共和国财政部、中华人民共和国公安部、中共中央宣传部等相关机构还陆续出台了一些相关的政策、规定、意见和建议。然而，迄今为止，国家并没有对数字信息资源建设的战略目标做出界定，也没有提出相应的宏观规划方案。因此，确定国家数字信息资源建设的战略目标就成了我国数字信息资源建设工作的当务之急。

战略目标的制定需要深入的调研、考量、论证，既要保证与国家信息化发展的整体战略目标的同步性，又不能与"十一五"规划确立的国民经济和社会发展的总体目标相违背，还要与目前已经存在并初步实施的数字信息资源建设规划相互包容、协调。这个目标不应是孤立的、笼统的、假大空的，而应该是有序的、具体的、分层级的、成体系的、可以实践和检验的。目标的内容、方向、标准、相关概念等也应该是明确的、清晰的、可行的。

三、设计数字信息资源建设的整体化模式

自信息化概念由日本率先提出后，世界各国各地区对信息化建设，尤其是数字信息资源建设的研究与探讨就从未停止。我国信息化建设虽然起步较晚，却从未停止探索，从 20 世纪 80 年代中期开始，相关领域的专家学者就对数字信息资源建设的整体化模式额外关注，先后提出了建立文献信息资源保障系统、开创共建共享模式等众多行之有效的建议。早在 20

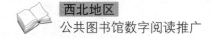

世纪 90 年代中期，随着全球数字化进程的加快、信息高速公路的建设、互联网在国内的兴起，以数字信息资源为核心的共建共享新模式就成了理论界和实践界共同关注的焦点。

现在已经建成并投入使用的 CALIS 系统布局模式就是数字信息资源建设整体化模式实践探索中一个比较成功的范例。CALIS 的信息资源保障体系十分完善，经过多年的发展，已经开拓了包括协调采购、公共检索、联机合作编目、馆际互借、电子资源导航、文献传递、线上参考咨询等在内的十一种信息资源服务功能。

在布局系统的同时，近些年，国家也加快了地区共建共享整体化模式的探索进程，开拓了不少新的、可行的路径，其中，最突出的代表就是上海市图书馆统筹建设的文献信息资源共建共享协作平台。这一平台兼具简介数据库查询、书目查询、资源导航、特色数据查询和期刊文献全文查询等多项功能，通过它，用户可以方便快捷地获取各类优质的文献资料信息。

然而，目前所有已经建成的数字信息资源平台，都存在极大的局限性，服务范围狭小，资源类型不够齐全，无法跨系统、跨区域、跨体系进行无限制的联动。另外，除了各级各类图书馆、档案馆、博物馆和文献机构，出版社、文化公司、互联网信息公司、数据库技术供应商等其他主体在数字信息资源建设中的参与率和参与程度严重不足，相关资源、技术的配置存在明显的可优化痕迹。这就需要国家从宏观的角度出发，对数字信息资源的建设、开发、利用进行全面的统筹规划，制订一个涵盖数字信息资源生产、采集、存取、组织、管理、保护、共享等各个功能单元，无地域限制、无系统限制、无技术限制的数字信息资源整体化建设方案。

不过，凡事都应循序渐进，不该操之过急，数字信息资源建设的整体化模式探索和相关方案的制订是一个十分复杂的过程，困难重重，需要综合考量技术、经济、政治、社会文化等多方面的因素，还需要结合各地的建设实际，短时间内肯定无法制订，也不可能面面俱到。目前，最佳的方式就是设计若干过渡的模式，分目标、分步骤地完成数字信息资源整体化建设和资源共享工作。

四、构建数字信息资源建设的政策法规保障体系

国家数字资源建设任重而道远。要保障数字信息资源建设过程中宏观规划的整体落实，国家需要综合运用经济、行政、法律三种手段，适当适时地进行调控。其中，行政和法律调控尤为关键，相关政策法规的制定和践行是确保数字信息资源建设工作顺利推进的最有效手段。2006 年颁布的《2006—2020 年国家信息化发展战略》明确指出，我国信息化发展的战略目标之一是"基本完善国家信息化发展的制度环境和政策体系"。

过去很长一段时间，我国的信息立法工作严重滞后，相关法律法规十分不完善，最近 20 年才有所改善。新制定和颁行的相关法规，不仅层次分明，相互印证，彼此补充，包括国家基本法、地方行政法规、部门规章制度等，还涉及行政、管理、技术规范、统计、生产、经营、环保等多个相关的领域，覆盖范围和适用范围极广。这些政策法规的出台，为我国数字信息产业的健康、稳定、可持续发展提供了强有力的保障。然而，具体到数字信息资源建设方面，相关的政策与法规却并不完善，不仅相对零散，而且混乱无序，没有形成相互联结的体系。在一些概念、行为、模式、方法的认定上十分模糊，没有明确的标准，更没有清晰的、可供实行的具体方案。举个简单的例子，国家对数字信息资源建设一直秉持着鼓励、扶持的态度，但具体到实践中，却没有任何一项政策规定了如何对数字信息资源建设进行扶持，政策的倾斜比例是多少。同样，数字信息资源建设市场化的过程中也存在各种各样的问题，这些都需要相关的政策法规来明确、界定和约束。另外，不同主体、不同建设主管部门之间因为职能、利益等多种因素的影响，所推行的政策、采用的策略常常各有偏重，甚至彼此矛盾，这些也都需要强有力的政策调控和相关的法律来保障。

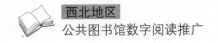
第四节 数字信息资源建设的微观层级内容

一、数字信息资源建设现状与需求分析

没有调查就没有发言权。任何规划、战略、方针的制订，都应该以事实为依据，以法律为准绳，综合考虑各种相关情况。数字信息资源建设的微观规划也不例外，规划的制订必须以信息资源建设的目标和现状为前提。没有调查，不以现实为依据的规划，即便再宏伟、再美好，也不过是空中楼阁，一触即溃，缺乏实践性和可行性。

那么，要如何了解数字信息资源建设的现状呢？具体来说，调查应该围绕以下几个方面展开：①国际、国内数字信息资源建设的最新发展态势；②国内与数字信息资源建设相关的政策法规、战略部署；③互联网信息资源的来源、质量和数量，数据库资源的数量和质量；④传统文献信息、档案的数字化进程；⑤被调查主体的数字信息资源开放能力、共建共享能力；⑥被调查主体的数字信息资源经费预算、人才储备和技术储备。

除了对现状进行调查，还要对数字信息资源的建设进行微观规划，对用户的需求进行具体的分析。满足用户需求是数字信息资源建设的根本动力与最终目标，无论何时，我们都要坚持"以需求为导向，以应用促发展"的原则不动摇。

数字信息的载体、传播方式、传播途径、受众人群、存取方式等都和传统信息截然不同。用户对数字信息资源的需求与以往相比也呈现出了不同的态势。差异具体表现在三个方面：

1. 需求主体的多元化

互联网是兼容的、开放的，每一位用户都能通过信息检索的方式，自由浏览、查找、搜集自己喜欢和需要的信息，并将其汇总、归类。所以，从广义上来说，所有能够接触并利用互联网的人群都可以被视为数字信息资源的需求主体。他们来自各行各业，有着不同的职业、不同的性别、不同的年龄、不同的教育背景、不同地位和身份，数量庞大，具有明显的多元化特征。

2. 需求内容的多元化

每一个用户都是独立的个体，受外部环境和自身各项条件的影响，对数字信息资源的需求也五花八门、不一而足，囊括政治、经济、科技、教育、社会、文化、军事、娱乐等各个领域，涵盖人们生产生活的方方面面，包括但不限于时事、政策、技术、金融投资、商业开发、新产品开发、文体投资、市场营销、休闲旅游等。另外，因为互联网本身的虚拟性、实时性、多样性，数字资源信息的表现方式也变得多种多样，可以以文本、声音、图像等各种方式呈现在用户面前。用户也能根据自己的需求，进行具体、多元的选择。

3. 需求内容的时效性

"互联网+"时代，社会节奏加快，技术和产业迭代频繁，信息瞬息万变，用户对数字信息资源时效性的要求也越来越高。毕竟，最新的信息价值千金，滞后的信息几无价值。新经济常态和信息常态都要求我们主动缩短信息的利用周期。

总而言之，只有全面、深入、细致地分析数字信息资源建设的现状和用户的实际需求，再结合建设主体的实际开发能力，才能制订出真正切实、合理、高效的数字信息资源建设规划，否则，所谓的规划将毫无意义。

二、数字信息资源建设目标的确定

数字信息资源建设目标的确定，应该立足建设主体本身的层次和水平，因需制宜，及时适当地调整，不能过低，也不能过高。一般说来，可以从以下三个方面进行考量：第一，数量，即建设主体在一定时期内能够获得的数字信息资源的总量。第二，质量，即在数字信息资源生产、采集、存

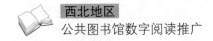

取过程中对其范围、广度、深度、价值、类型、涉及领域、获取难度、创新度等方面做出的明确规范和要求。第三，特色，即建设主体能不能以本区域、本系统的自然地理、人文历史、社会风俗等为依托，结合自身实际和用户需求，建设具有地方特色和个性化色彩的数字信息资源服务平台。

三、数字信息资源结构规划

数字信息资源内容丰富、类型多样，涉及领域众多，功能和内容也千差万别，如果不系统地进行规划、整合、配置，就直接提供给用户，很可能造成数据无序、混乱、实用性低、界限模糊等各种各样的问题，极大地降低用户的体验感，阻碍国家数字信息资源的建设进程。所以，在国家数字信息资源建设实践中，数字信息资源的结构规划工作非常重要。

从某种程度上来说，数字信息资源的结构与传统的图书馆文献资源结构并无太多不同，都是根据资源的学科类型、文本种类、时间先后、领域类型等进行基本划分，两者最大的不同在于等级结构。

数字信息资源等级结构的定义是：根据数字资源的内容价值与用户需求的程度和层次，划分采集与储存的级别，并规划相应的建设目标的资源结构体系。按照相应的等级结构划分标准，数字信息资源可以划分为四个不同的等级，从高到低依次为：永久保存级、服务级、镜像级和链接级。这一划分标准最早起源于美国。

永久保存级信息资源的认定标准是：保存价值已得到鉴定；用途得到认可；具有唯一性；并仅定位在某一个特定的图书馆，其他地方不可获得。

服务级信息资源的认定标准是：用户急需且需求量大，资源母本来源于外系统的服务器。

简单些说，镜像级信息资源就是指从其他地方复制拷贝的信息资源，这类资源大多没有太高的学术价值和研究价值，获取容易，非独有。

链接级信息资源是数字信息资源建设中最常见也最容易被忽略的资源，可有可无。它的安全级别低，对存储环境没有特定的要求，内容十分广泛，只需要一条链接，就能在本地或者外站搜索到相关的资源，非常方便，但无法体现建设主体本身的特色，属于大众型、普适性的资源。

四、数字信息资源采集标准与模式的确定

21世纪是数字的时代，也是信息的时代。互联网上，各型各类的数字信息资源不仅数量庞大，而且内容驳杂、迭代迅速，没有任何组织和机构能够获得全网所有信息，因此，有选择地对数字信息资源进行采集才是最明智的做法。因为数字信息资源建设的主体不同，主体的职能定位、基础功能、用户需求也不同，所以，使用固定、统一的资源采集标准明显是不现实的。如此，就需要各建设主体在参考数字信息资源建设的一般性原则的同时，结合自身的职责、服务性质、资源基础、技术储备、用户需求等，自行制定适合本身的采集原则和标准。

调查显示，数字信息资源建设的各个主体采集信息的渠道主要有三个：①自身传统信息资源的数字化；②从数字信息资源生产商处采购；③通过交换、共享等方式，从其他主体单位处获得。其中，采购是最大众、最常用的一种信息资源扩充方式。然而，因为版权、供应商、区域、经费、相关政策等的不同，所以数字信息资源一直良莠不齐，市场比较混乱。各自为政、自行采购，不仅会造成资源的重复购买和资金浪费，还可能衍生出各种问题和风险。反之，只有将各建设主体联合起来，统筹资源，优化配置，集中资金进行大规模的集体采购，才能实现效益最大化和资源配置最优化。

第五节　数字资源保存与维护的必要性

一、数字信息资源是重要的数字资产

数字信息资源是国家最重要、最具价值的数字资产之一，需要满足安

全存储、有效管理、定时维护、长期提取和利用等条件。检索率、重复利用率和共享度的高低是衡量数字信息资源价值的三项关键指标。

随着互联网的勃兴，计算机、多媒体技术的迭代和通信技术的不断发展，信息资源生产、传递、储存、提取、利用、组织、管理的方式也随之发生了划时代的重大变革。特别是数据库技术的发展，让数字信息资源逐渐取代传统的文本文献。

和传统信息资源相比，数字信息资源具有存储方便、传递迅速、开放兼容、不受时间空间限制等各种优点，是关键性甚至战略性的资源。信息数字化不仅是一种潮流，也是信息时代发展的必然趋势。从某种程度上来说，一个国家创新力、科研力甚至综合竞争力的高低，就取决于其对本国"数字资产"建设、开发、利用与重视的程度。

从 1993 年起，以美国为首的西方发达国家和地区，就率先开启了国家信息化的进程，美国政府一直都将数字信息资源的生产、传播、获取和利用视为国家信息化建设的关键和重点。其他国家也在数字信息资源建设方面投入了大量的人力、物力和财力。2002 年，加拿大将建立国家数字科技信息网正式纳入国家信息化体系与创新体系。类似的例子，还有很多很多。

技术的发展，社会的进步，经济的转型，观念的变革，生产生活方式的巨大变迁，为数字信息资源的发展提供了无限的可能。数字化成了国家、地区管理、保存、使用关键信息资源的重要途径，甚至是唯一途径。

加利福尼亚大学伯克利分校信息管理与系统学院的一项统计结果表明，仅仅美国国会图书馆一家的馆藏，全部数字化就能产生 136TB 数据；而 2002 年，全美所有信息资源的存储量大概是 5 艾字节（EB）（1EB=1 048 576TB），数字信息资源存储密度之高、数量之大，由此可见一斑。

另外，随着全球信息化程度的不断加深，数字信息资源的作用越来越大，使用途径越来越多，社会经济价值也越来越高。世界闻名的权威研究机构 West World 曾经出具过一份相关的报告，报告中提及，100 兆字节（MB）

数字信息资源的价值几乎与 700 万元等值。数字资产价值之高，显而易见。

因此，提高数字信息资源的利用率和安全性，扩大数字信息资源的容量，让数字信息资源的存取和分享方式变得简单化、多元化，就成了全国甚至全球必须持续关注的问题。

二、数字信息资源具有脆弱的特性

1. 数字信息资源比物理信息资源更脆弱

比起通过纸张、竹简、绸布、甲骨等物理媒介保存的信息，数字信息虽然容量大、密度高，但也极易丢失和损毁。美国 NDIIPP 网站的一项研究表明：在许多情况下，数字资源比物理资源更脆弱。这些文档本身更容易被毁坏，或者它们存储的载体很容易被淘汰。

2. 原生数字资源消亡和不可获得的风险更大

按照数字信息资源的性质和产生形态，可以将其划分为两类：原生数字资源和数字再造资源。

原生数字资源是仅以数字形态存在的一种数据资源，各类网站、多媒体虚拟产品、电子出版物、信息资源数据库等都属于此类。数字再造资源从本质上来说，其实是对物理信息资源的一种镜像复制和数据拷贝，是物理信息资源的另一种展现方式，传统文献资料数字化后得到的数据就是典型的数字再造资源。

原生数字资源存储形式单一且固定，信息载体或存储界面一旦遗失或遭到破坏，就永远无法找回。就像某位国际知名学者所说的那样："因为通常没有单独制造出来数字格式资料的模拟（物理）材料版本，这些作为历史资源的所谓'原生数字资源'即面临着更大的消失和不可获得的风险，或阻止未来研究人员利用它们原始的形式研究它们的风险。难以计数的数字资料，诸如早期的互联网网站已经消失了——不全面或不能使用原始的版本。"

迄今为止，互联网初兴和早期发展过程中产生的很多原生数字资源都已经濒临消亡。美国 NDIIPP 网站曾经组织和策划过多个相关信息资源的

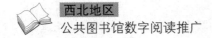

保护专题，包括马里兰大学史密斯商学院、纽约大学、美国互联网络研究中心等机构在内的众多组织和团体，也为保护和搜集原生数字资源做出过极大的努力。

纽约大学交互式远程通信项目的负责人克莱·舍基曾直言不讳地说："要想使数字信息资源长期保存，必须定期对其进行查看或备份，若只保存数字形态，当然会丢失，而且时间会很短。"事实上，数字信息资源本就是一种特殊的、难以长期保存的资源，数据格式的转换、虚拟存储技术与存储媒介的选择、数据的大小、数据生成过程中使用的基础协议、数据压缩与解压缩的格式、版权的限制和要求等问题，都是数据保存过程中需要面对和解决的。

3. 数字信息资源的长期可获得性面临许多威胁

除了存储方面遭遇的难题，在数字信息资源长期可获得性方面，我们的处境也不乐观，问题比比皆是。外部金融环境、社会环境、文化环境、法律法规、知识版权的限制，内部技术的不适配、系统与存储介质的不兼容、服务管理方面的种种缺陷和掣肘，都会对数字信息资源的长期可获得性产生不利影响。

知识就是金钱，知识就是发展，知识就是未来。数字信息资源是国家最重要的"数字资产"，将这种资产长长久久地传承下去，不仅是技术问题、科研问题，也是政治问题和民生问题。这个问题不是某一个组织、某一个机构、某一个地区能够独立解决的，它需要全社会通力合作。迄今为止，全球已经有很多国家意识到了数字信息资源长期可获得工作的关键性和紧迫性，也为此进行了大量的研究、探索和尝试。

三、数字信息资源的使用

数字信息资源不是文玩、古董，长期存储的目的不是为了保值增值或者束之高阁，而是为了更好、更便捷地利用。

我国国家信息化工程虽然起点较低，发展较晚，数字信息资源建设也刚刚迈入第三阶段，各项设施、技术、标准、体系等都不够成熟完善，但发展势头却很猛，发展潜力也有目共睹。从 1997 年到现在，我国在数字信息资源建设，尤其是数字信息资源使用方面，也取得了不少突出的成果，比如中国国家图书馆的特色资源库建设项目和国际敦煌项目。

中国国家图书馆特色资源数据库建设项目肇始于 2008 年，历经 8 年的时光，于 2015 年初步建设完成。项目完成后，公众可以通过中国国家图书馆的官方专题页面，详细具体地了解各种中国传统文化信息和权威、优质的学术信息。目前，中国国家图书馆对外开放的特色数据库资源主要有 8 个，分别是甲骨资源库、中国学资源库、图书馆学资源库、金石拓片资源库、敦煌资源库、中国国情资源库、地方志资源库、中国博士论文资源库。

国际敦煌项目是中国国家图书馆自 1993 年以来就持续关注并有序开展的一个项目，项目的参与主体除了中国国家图书馆，还有大英图书馆、法国国家图书馆、新德里国立博物馆、宝林国家图书馆和圣比得堡东方研究院。项目正式成立于 1994 年，陆续在英国、法国等国家开通了专题网站。2001 年 4 月，中国国家图书馆设立国际敦煌项目办公室。2002 年 11 月，中英两国合作建设的"数字敦煌"中文网正式上线，目前已上传数据文献目录数万条，文献、图片、影音资料等各项数字信息资料不计其数。

四、数字信息资源保存概况

原生数字资源的脆弱性、不可复制性，让它的长期存取和保护成了数字信息资源保存领域的一大难题。

针对这一难题，早在 1997 年，美国国会图书馆就做出了一次有益的尝试，对因特网电子资源虚拟存档的映射技术进行了系统研究。澳大利亚国家图书馆和瑞典皇家图书馆也先后推出了"保护与存取澳大利亚的网络文献资源"项目和"Kulturarw3 信息资源保存计划"。1999 年，法国国家图书馆也开启了相关的信息保存研究工作。2004 年，数字信息资源保存领域第一次国际性的权威会议——国际数字资源长期保存会议（iPRES）在美国召开。之后，大大小小的国际协会、组织也如雨后春笋般不断涌现。

相比于西方发达国家，我国国家信息化工程起步较晚，发展前期主要精力都集中在基础信息技术的研究和发展上，对数字信息资源的建设、保护、开发、利用、存储关注较低，所以，相关的网络保护和数据技术研究工作的起步也相对较晚。2004年，在认识到数字信息资源建设的重要性和资源保存的迫切性后，国家科学图书馆率先启动了相关的研究工作。

国家科学图书馆是"国家科技文献平台的数字科技资源长期保存的可行性研究与实施规划任务"的执行主体。经过多年的研究、实践和探索，目前图书馆已经拥有了一支高精尖的专业研究团队，有了明确的研究方向，相关的理论体系也已基本构架完成，核心技术的搭载，软硬件设施的配备，相关的流程与标准也已基本确定并开始试运行。

此外，国家科学图书馆还以国际通用的互联网数据保存系统为原型，与中国科学院共同研发并推出了一款包含科研论文归档、科技报告存储、学位论文保存等功能的"知识库系统"。目前，这一系统已经在中国科学院各个主要研究所进行了小范围的推广使用。

第六节　数字资源保存与维护的特殊性

一、数字信息资源对存储介质的依赖性

数字信息资源从本质上来说，是一种无形无质的虚拟资源，它的产生、传递、存储、读取全都是以计算机为载体来实现的。它依托计算机中的存储介质而存在，介质不仅是它的载体，也是它的保护伞。一旦计算机的存储介质丢失、破损或者遭遇故障，存储在其中的数字信息资源就会残缺、丢失，很难恢复和寻回。除了硬盘、内存等物理介质，计算机内的存储单元、系统中相应的软件构架协议、格式转换器等，也都是数字信息资源赖以存

在的介质。系统故障、计算机硬盘烧毁、系统被入侵、计算机死机、硬件老化，数据格式不兼容、系统不兼容等各种各样的问题，都可能导致数字信息资源的永久丢失。总而言之，因为数字信息资源对存储介质的强烈依赖，所以引发的问题很多，这些都是我们在今后的数字信息资源长期保存实践中需要去克服和解决的。

二、数字信息资源的动态性

和以纸张、竹简、甲骨等物理介质为主要载体的传统信息资源不同，数字信息资源本身就是不固定的，是动态的，可以随意编辑、复制、修改甚至删除。互联网在给人带来信息便利的同时，也加大了数字信息资源保存的难度和风险，在计算机的防护等级没有提高和防护措施没有及时更新的情况下，数字信息资源被篡改、删除的情况比比皆是，防不胜防。计算机的开放性、开源性和互联网的联结性、多元性在提高数字信息资源利用率的同时，也让这些信息资源变相地处于"裸奔"状态，黑客的入侵，计算机病毒的破坏，软硬件设备的故障，甚至系统运行中一个小小的软件错误，都可能造成灾难性的后果。

三、数据的脆弱性

"互联网＋"时代，互联网上所有的数字信息资源都是以数据的形式来存储和传递的。数据资源的保护是数字信息资源长期保存的前提。然而，和传统信息资源相比，数据既看不见也摸不着，从本质上来说，它就是一串串通过计算机编译过的代码，一旦失去读取媒介和存储介质，就会丢失，十分脆弱。

数据丢失是常见的现象，即便是信息技术最发达的美国也无法从根本上杜绝这一现象。造成数据丢失的原因实在是太多了，危险有的来自线上，有的则来自线下。毫无疑问，数字信息资源是十分重要的资源，但互联网复杂又多变的环境却加剧了这些信息在存储、传输、提取时所遭遇的风险。计算机病毒的肆虐，黑客的攻击，系统的运行故障，底层协议和框架的不

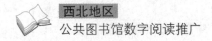
兼容，数据格式的无效转换，用户的误操作，各种各样的突发情况、意外情况，都可能导致信息的损毁、数据的丢失。即便是软硬件设备一切正常，互联网环境安全稳定，存储介质没有损坏，数据也可能由于密码错误、验证失败、系统更新等原因间接地丢失。

通常来说，数据丢失的情况可以划分为两种，一种是临时性的丢失，另一种是永久性的丢失。临时性丢失指的是数据本身还存在，只是用户由于系统故障、误操作、忘记密码等原因，暂时无法使用数据，这些数据是可以通过专业技术和相关程序恢复的。永久性丢失指的是数据存储介质破损或消失，数据本身已经永久性地损坏，不可能再恢复。

四、数字信息的不安全性

全球经济一体化和信息一体化进程的加快，在促进经济社会繁荣、科技教育勃兴的同时，也带来了一些全新的问题和挑战。互联网的包容性、开放性和用户的庞杂性，导致了泥沙俱下的局面，互联网上各种危险和不确定的因素层出不穷。时至今日，数字信息安全问题已经成了数据信息资源建设过程中最大的"炸弹"和"毒瘤"。信息失真、无序传递、盗版猖獗、计算机病毒泛滥成灾、各国各地区之间存在的技术抵制和技术壁垒等各种问题，都威胁着数字信息的安全。要解决这些问题，不仅需要技术的更新，也需要政府、社会的协同和努力。

五、数字信息对元数据的依赖性

元数据是一种目录式的开放数据，具有中介属性，所以元数据又被称为中介数据。如果把数字信息资源本身比喻成一本书，元数据就是对书籍内容整合后形成的大概的目录和内容注解。元数据中包含着数字信息资源的属性信息、背景信息、位置信息、组织分类信息和索引信息等各种信息。

缺乏元数据的数字信息不能说是不完整的，但从某种程度上来说，也确实加大了数字信息资源读取、使用、长期保存的难度。事实上，元数据越具体、越完备，用户在使用相应的数字信息资源时就越得心应手，数字信息资源的传输、保存也越容易、越便利。

六、数字信息对标准化的依赖性

数字信息资源建设的标准化是未来信息发展的大趋势。所谓无规矩不成方圆，从某种意义上来说，数字信息资源建设中形成的标准和规范就是"规矩"。厘定和明确数字资源建设的标准，不仅可以提高数字信息资源的利用率和存取的完整度，保障数据传输的便捷性、广泛性，为数字信息资源的区域共享、全国共享，甚至全球共享奠定坚实的基础，还能提升不同版本、不同领域、不同数字信息资源在不同平台间的转换率，提升数字信息资源的服务范围、服务质量，降低管理难度，减少经费支出，实现效益最大化。

总而言之，数字信息资源对标准和规范是存在极强的依赖性的。没有标准，数字信息资源建设工作就无法长期、稳定、持续、高效地开展下去。目前来说，数字信息资源建设相关领域存在并通用的标准有很多，例如美国于 1999 年提出并获得国际标准化组织（ISO）认证的数字信息长期保存构架标准——开放档案信息系统参考模型，澳大利亚率先提出并主导设计的文献管理标准——AS4390Sertes，国际社会通用的信息互用性标准、数据格式标准、资源著录标准、资源标记标准，等等。除了国际标准，我国国内还没有具体、权威、统一的数字信息资源建设国家标准和行业标准，各级各类数字信息资源建设机构可以根据自身的实际情况和需求来具体分析和制定。

第七节　数字信息资源建设的内容与整合

一、数字信息资源建设的内容

前文我们就已经提到过，数字信息资源建设是一个庞大、复杂、长期，涉及多个领域和行业，覆盖方方面面的大工程。数字信息资源建设包括的内容很多，核心项目有两项：特色数据库建设和互联网信息资源的开发利用。

1.特色数据库建设

数据库，顾名思义，就是"依照数据的结构对数据进行组织、存储与管理的仓库"，是存放数字信息资源的"文件柜"。这个"文件柜"有大型、中型、小型之分，存储的"文件"资料也五花八门。一般来说，大型数据库的建设需要从国家层面进行统筹，中小型数据库的建设则可以列入各数字信息资源建设主体的微观规划。当然，因为数据库的建设门槛很高，所以，数据库的建设并不是数字信息资源建设的硬性指标，也不是每一个主体都要建设。数据库的建设，更多时候是为建设主体的特色化发展服务的。换言之，数据库的建设并不是刚需。

数字信息资源建设主体判断是不是要建设数据库时，要综合考量三方面的因素：① 是不是确实需要建设；② 有没有与众不同的特色资源，特色资源是不是充足；③ 具不具备建设数据库的资金条件、技术条件和人才条件。

2.互联网信息资源的开发利用

互联网是数字信息采集的主要渠道，互联网信息也是数字信息资源体系中最主要也最重要的一个类别。海量的互联网信息资源不仅囊括了人类生产生活的方方面面，而且形式多样，图文并茂，增长迅速，存取方便，没有时间和空间的限制，优势十分明显。但是，任何事物都有两面性，是辩证的，有黑就有白，有善就有恶，有优必有缺。互联网信息资源的缺点也十分显著：内容庞杂、琐碎、无序，信息质量良莠不齐，缺乏监管，精度低，真假难辨，缺乏过滤机制，对互联网和计算机有着强烈的依赖性，无法永久保存，等等。总而言之，互联网信息资源虽然数量十分庞大，真正能够被用户利用的却只是少数，因此，对互联网信息资源的甄别、过滤、选择、开发、利用就成了数字信息资源建设工程急需推进也必须推进的重要工作之一。那么，互联网信息资源该如何开发利用呢？一是要明确开发方式和组织方式。如网站评价与导航、专业信息指南系统建设、信息资源指引库建设等。二是要制定资源的甄别和选择的标准，明确一个或多个核心甄选指标，如信息的质量、获取便捷度，信息利用的成本，用户总体的信息需求，等等。

二、数字信息资源的整合理论

全球信息化进程的加速、技术的迭代与相关数字理论的完善，为数字信息资源建设的勃兴奠定了基础。用户对数字信息资源日益增长的需求和数字信息资源的庞杂性、无序性产生了矛盾，数字信息资源整合理论应运而生。

数字资源整合理论的研究肇始于20世纪90年代，1996年，英国学者苏顿率先提出了复合图书馆的概念，这一概念被看作现代数字图书馆的前身。1998年，S.Pinfield等人创造性地提出了"通过唯一认证的网关和统一的检索界面为用户提供服务，对复合图书馆进行无缝整合"的观点。之后，陆续又有学者提出了一些切实可行的方案，如比利时学者H.Sompel提出的基于开放链接（OpenURL）框架的数字资源解决方案，J.Pearce提出的复合图书馆"整合检索"设想，等等。

相比于国外，国内的相关研究还比较稀少，理论和实践基础都相对滞后，迄今为止，并未形成完备的体系和思路。

三、数字信息资源的整合特点

从本质上来说，数字资源整合就是对数字资源的一种优化重组，是"依照一定的需求和原则，将各个数字资源系统中的对象、功能及其互动关系进行合并和重组，形成一个新的数字资源体系，使该有机整体具有更高的效率和更好的性能的一个过程"。研究表明，数字资源整合一般具有以下五个特点：①需要整合的数字资源类型庞杂、来源广泛、涉及多个学科和领域，整合后能够形成系统的框架。②整合后数字资源的系统性和资源之间的关联性被加强，不同学科之间、同一学科不同知识板块之间的关系变得一目了然。③数字资源整合过程始终坚持有序原则，力图建立"物理上分散，逻辑上集中"的数字信息资源系统。④结构相同或相近的数字资源被整合在一起，更有利于数字资源的扩充、维护与更新。⑤结构不同或差异极大的数字资源被整合后，彼此之间的关联性加强，检索难度降低，用户不用在多个数据库之间频繁切换，获取数字资源的效率大大提高。

四、数字信息资源的整合模式

数字资源的整合是一个相对较新的研究课题，国际国内的相关研究成果都不算突出。目前来说，使用比较广泛的整合模式有两种：以数字信息资源为对象的信息整合和以应用服务为对象的系统整合。

1. 以数字信息资源为对象的信息整合

以数字信息资源为对象的信息整合是最基础的数字资源整合模式之一，整合方式简单，效率高，目的明确，但整合过程中需要特别关注如下几个方面：首先，要结合自身实际，对各类信息资源之间的整合比率进行科学合理的预规划；其次，要懂得灵活变通，整合过程中遇到问题，及时做出调整和应对；最后，要以用户需求为导向，避免盲目整合和无效整合。

2. 以应用服务为对象的系统整合

互联网上，各种网站、应用程序层出不穷，功能和服务相似或相同的不知凡几。同领域同分类的应用和服务，既相互独立，功能上又彼此关联，进行整合后，能大大提高应用和服务的利用率。

第十章

西北地区公共图书馆
数字阅读推广展望

第一节　公共图书馆阅读现状

一、我国全民阅读现状

全球经济局势、政治形态、外交和军事策略的总体变革，加速了社会的转型。互联网的勃兴、信息化与数字化热潮的蔓延，让原本以经济为主体的社会形态渐渐向着知识复合型社会转变，建设学习型社会、知识型社会成为时代的主流。全民阅读概念就是在这种背景下应运而生的。

一个国家或地区的全民阅读率从很大程度上可以反映出其文化教育水平和经济发展水平。

全民阅读的概念肇始于 20 世纪 70 年代，是由"世界读书日"衍变发展而来。1970—1985 年间，联合国教育、科学及文化组织为提高各国基础文化水平，促进阅读习惯的养成，先后组织并举办了包括"国际读书年""Books for All""走向阅读社会"在内的多场大型阅读推广活动。1995 年，联合国教育、科学及文化组织宣布 4 月 23 日为"世界图书与版权日"，即"世界读书日"。全民阅读的热潮在世界各国勃兴。2001 年，联合国教育、科学及文化组织又创造性地开展了"世界图书之都"评选活动，马德里、亚历山大、新德里、安特卫普、蒙特利尔、阿姆斯特丹、布宜诺斯艾利斯、曼谷、吉隆坡、都灵、波哥大等城市获此殊荣。"知识源于阅读，阅读愉悦生活"的理念已经深入人心。

比起国外，我国的全民阅读事业虽然起步较晚，却后来居上，效果十分显著。作为四大文明古国之一，中国历史悠久，文化博大精深，阅读的习惯自古有之，人们对阅读的接受度和认可度都比较高。

2006 年，中共中央宣传部、中华人民共和国新闻出版总署、中央精神文明建设指导委员会办公室、中华人民共和国文化部等多家部门，为响应党的十六大关于建设"学习型社会"的号召，联合举办了"全民阅读"活动。经过十多年的努力，"全民阅读"活动已深入人心，规模不断扩大，活动模式持续创新，覆盖范围也越来越广，效果斐然。第十九次全国国民阅读调查的结果显示：2021年，我国人均纸质图书和电子书阅读量已经达到4.76本和3.30本，成年国民综合阅读率高达81.6%，成果十分喜人。数字阅读也日渐取代传统纸质阅读，成为人们阅读的主要形式。

二、我国西北地区公共图书馆阅读现状

1. 全民阅读量较低

从宏观上看，中国"全民阅读"的形势一片向好，整体阅读率高，但区域差异却十分明显，相比于东南沿海的发达地区，经济和发展相对落后的西北地区全民阅读量偏低，作为阅读主体的中青年群体，尤其是大学生群体，更偏爱听书和电子阅读的方式，去图书馆阅读的比重很小。金融、科学、经济、传媒等专业型书籍的阅读率也持续偏低。成人每天的平均阅读率在4.58%左右，其中大部分阅读的还是与育儿相关的书籍或者少儿读物。

2. 图书馆服务结构有待优化

西北地区公共图书馆基础设施和规模相对落后，服务结构也存在一定的缺陷，有待优化调整。图书馆工作人员工作热情不足、服务内容单一、不会主动向读者荐书、导读工作做得也不到位。图书馆内存在环境陈旧、配套设施差、软硬件设施落后、管理不规范等种种问题。

3. 馆藏资源偏少

西北部地区文化基础比较薄弱，图书馆的馆藏资源相对偏少，馆藏图书类型配置不合理，文史类书籍的比例偏大，工具书数量中等，哲学、医学、美学、励志类书籍相对较少，各种新兴学科和冷门的书籍更是寥寥无几，根本就无法满足读者庞杂、多样的阅读需求。

第二节 公共图书馆在全民阅读推广中的地位和作用

一、公共图书馆是全民阅读推广活动的重要阵地

全民阅读推广活动的顺利推进离不开公共图书馆的参与与努力。各国各地政府绝大多数都是通过公共图书馆来履行相关的文化服务职能的，公共图书馆是全民阅读推广活动的重要阵地。

公共图书馆的建设肇始于 1833 年，目前，世界上已知的公共图书馆约有 1.65 万个。和私营图书馆不同，公共图书馆是保障公民阅读权利的主体，是相对弱势的群体获得免费、优质阅读资源的重要途径。联合国教育、科学及文化组织发布的《公共图书馆宣言》明确指出：公共图书馆不分年龄、种族、性别、宗教、国籍、语言、社会地位和任何其他特征，向所有人提供平等的服务。

阅读是人获取知识、了解世界的重要渠道。每一个人都享有平等的阅读权利。凭着零门槛、全免费、资源庞大、人才专精的优势，公共图书馆在全民阅读推广活动中一直都扮演着实际践行者和关键组织者的角色，意义非凡，作用也十分重大。

二、公共图书馆是全民阅读推广活动的有效抓手与保障

随着人们阅读量的激增，阅读兴趣的转变和阅读需求的多元化、差异化，作为阅读服务主要提供者的公共图书馆也应当与时俱进，自我更新，提高服务质量，创新服务方法，在立足本身实际的情况下，积极主动地开展工作，深入了解和分析用户的需求，有效培养读者的阅读兴趣，转变"为

人找书"的传统工作模式,主动"为书找人",积极开展导读活动和荐书活动,力求做到为有需要的人找到最需要的书,为合适的书找到最合适的读者。放弃敝帚自珍、闭关锁馆的观念,积极与兄弟单位及第三方机构联动,提升公共资源的利用效率,为全民阅读推广工作的持续、健康、稳定推进保驾护航。

三、公共图书馆是实现分众化阅读推广的主阵地

分众化阅读是全民阅读推广工程的重要内容之一,是以读者信息资源需求差异为导向开展的有针对性的、群体特定的一种阅读服务策略。

一般说来,分众化阅读的主体包括但不限于学生、军人、残疾人、女性、老年人等,服务内容包括阅读价值观的培养、情趣的熏陶、阅读方法的培训指导等。分众化阅读的核心是尽可能全面地考虑不同群体的阅读需求,以换位思考的心态,为读者提供贴心高效的阅读服务。目前,我国公共图书馆分众化阅读推广应该主要集中在三个方面:

1. 重点关注青少年群体的分众化阅读推广

少年强则国强,青少年是祖国的未来,也是推动国家和民族发展的重要力量。青少年阅读数量的多少、阅读基础的薄厚、阅读兴趣的大小、阅读水平的高低、阅读质量的优劣,不仅直接关系着个人能力、素质的提升和前途,也关系着学习型社会的构建和国家未来的建设。因此,公共图书馆应该综合考量青少年阅读的心理状态和实际需求,加强相关读物的采购,定期举办阅读活动,培育青少年的阅读基因,真正做到"阅读从娃娃抓起",为"全民阅读"的实现添砖加瓦、奠定雄厚的基础。

2. 做好老年人的阅读推广

随着我国人口老龄化速度的加快,传统的阅读结构慢慢发生改变,老年人读者在读者群体中所占的比重越来越大。培养老年人的阅读兴趣,实现老年人群体的阅读增量,也随之成了公共图书馆全民阅读推广的重要一环。

老年人身体机能退化,思维相对迟滞,对新事物、新知识的接受度明显偏低。公共图书馆可以针对这些问题主动开展服务,如为老年人提供免

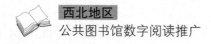
费的老花镜、拐杖、热水，为老年人设置阅读专区，开展老年人读者阅读培训班，帮助老年人进行电子借阅，等等。

3. 加强对残疾人群体的阅读扶持

所有人都享有平等的阅读权利。公共图书馆是全民资源，服务的对象是整个社会，无论什么时候都要秉持普遍均等的原则，为"知识共享，全民阅读"目标的实现提供强有力的支持和保障。

除了青少年和老年人，公共图书馆在服务过程也应该对社会中的其他弱势群体，尤其是残疾人群体给予更多的关注与扶持。不仅要关注残疾人群体特殊的阅读需求，帮助他们解决阅读过程中遇到的种种问题和困难，针对不同的残疾人群开展个性化服务，比如送书上门、简化借阅流程、免费赠阅等。

第三节　西北地区公共图书馆
数字阅读推广的策略

一、引导西北地区人民参与数字阅读活动

由于历史、社会发展、民族文化等各种原因，西北地区人民数字阅读活动的参与率一直不高，要改善这一状况，公共图书馆在进行数字阅读推广时可以从以下三个方面着手：

1. 加强馆际联动，丰富图书资源

单一图书馆的馆藏量终归是有限的，为丰富馆藏资源，拓展资源渠道，西北地区各个图书馆之间可以通过共建共享的方式实现联动，使之形成不同的类型、体系、板块，并通过统一检索的方式，为用户提供更便捷、更优质的服务。

2.举办丰富多彩的阅读推广活动

公共图书馆要积极组织和参与包括"世界读书日""朗读比赛""阅读比赛""征文比赛""有奖视频分享"等在内的各种读书文化活动和阅读推广活动，借助活动来提高全民的阅读参与率，培养全民阅读兴趣，为建设"爱读书，读好书，善读书"的书香社会和学习型社会拼搏努力。

3.分众引导，因人因需主动推荐

由于背景、受教育程度、生活环境、经济条件、文化习俗等各种因素的影响，不同的群体在阅读方面的需求存在着明显而巨大的差异。因此，公共图书馆在进行阅读推广时要学会因人因需制宜，分众引导、主动推荐。

对处于阅读塑造期的少年儿童，应着重推荐一些有益的少年读本、科普读本、教辅资料和名著典籍。对以畜牧业为生的牧民，可以推荐一些畜牧和饲养方面的专业书籍，如牛羊的疾病防治等。对西北各少数民族民众，应优先推荐一些民俗风情志、民俗故事和与本民族文化传承、神话传说相关的一些文史类书籍或著名人物传记。

如此，分门别类，因人因需分众引导，切实把握读者的阅读重点，时间长了，必然能提升西北地区民众的阅读兴趣，优化阅读氛围，提高阅读推广的效率。

二、优化西北地区图书馆的服务结构

服务结构不完善是西北地区公共图书馆在数字阅读推广实践中面临的一个共性问题。因此，优化图书馆的服务结构，提升整体服务质量，势在必行。具体来说，可以从以下两方面着手：

1.优化软硬件服务设施和环境结构

软硬件服务设施和环境结构的优化，着眼点在于：① 通过技术手段，构建基本的数字阅读平台，细化系统分支，通过统一的大数据管理对数字图书资源进行整合，建立元数据库，进行分类索引，在终端设备中输入图书具体的位置信息，方便读者查找。② 优化图书馆阅读环境，为读者营造安心舒适的阅读空间，保持室内光线的明亮和环境的整洁，从细节着手，

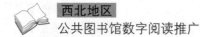
多添加一些小巧的装饰，多布置一些绿植，及时维修损坏的设备，在较为显眼的地方张贴阅读标语，或者绘制一些色调明丽、风格可爱的宣传画。

2. 优化人才服务结构和管理结构

人才服务结构和管理结构的优化是一项长期系统的工作，不可能一蹴而就。在具体的推广实践中，公共图书馆可以采用的措施有：① 加强员工技能培训，培养员工阅读兴趣，提升员工服务意识和服务水平，积极引进高素质的专业人才。② 设立"领导信箱"，完善内部监督管理体系，及时发现并解决图书馆管理中存在的各种问题，整肃团队环境，培养组织文化。③ 培养专门的图书讲解员、图书导读员，结合用户的具体需求和知识层级，为用户提供耐心、细致、实效的服务。

三、我国西北地区公共图书馆数字阅读推广实例

2021 年 1 月，昌吉回族自治州吉木萨尔县图书馆举办"有声图书角"活动，开启阅读新旅程。

2021 年 7 月，新疆举办"春雨工程·网络书香"数字阅读推广活动。

2022 年 4 月，新疆 110 家公共图书馆联合开展"书香天山·全民阅读"活动，组织 306 场阅读会，推动新疆书香社会建设。

2022 年 4 月，甘肃省开展别开生面的"陇上飞阅"数字阅读活动，加速年轻人从"读书"到"读屏"转变。

2022 年 8 月，新疆各地各级图书馆共同推出"云阅读"专项服务。

参考文献

陈燕琳，2022. 新环境下公共图书馆的阅读推广 [M]. 长春：吉林人民出版社 .

李东来，2015. 图书馆数字阅读推广 [M]. 北京：朝华出版社 .

李君，2019. 大数据环境下公共图书馆服务深化思考与探索 [M]. 上海：上海辞书出版社 .

李瑞欢，2018. 公共图书馆工作实务 [M]. 北京：现代出版社 .

李勇，杨洪江，高捷，等，2018. 新时代公共图书馆的新使命与新挑战 [M]. 石家庄：河北人民出版社 .

蔺丽英，2015. 公共图书馆与阅读推广 [M]. 北京：光明日报出版社 .

宋松，2019. 公共图书馆信息资源建设研究 [M]. 北京：现代出版社 .

王春玲，2020. 地市级数字图书馆资源建设与阅读推广研究 [M]. 沈阳：沈阳出版社 .

王继华，2020. 新时期公共图书馆阅读推广理论研究 [M]. 银川：宁夏人民出版社 .

吴斯曼，刘慧，2017. 图书馆数字阅读推广 [M]. 哈尔滨：黑龙江科学技术出版社 .

附　录

中华人民共和国图书馆法

中华人民共和国公共图书馆法

（2017 年 11 月 4 日第十二届全国人民代表大会常务委员会第三十次会议通过　根据 2018 年 10 月 26 日第十三届全国人民代表大会常务委员会第六次会议《关于修改〈中华人民共和国野生动物保护法〉等十五部法律的决定》修正。）

第一章　总　则

第一条　为了促进公共图书馆事业发展，发挥公共图书馆功能，保障公民基本文化权益，提高公民科学文化素质和社会文明程度，传承人类文明，坚定文化自信，制定本法。

第二条　本法所称公共图书馆，是指向社会公众免费开放，收集、整理、保存文献信息并提供查询、借阅及相关服务，开展社会教育的公共文化设施。

前款规定的文献信息包括图书报刊、音像制品、缩微制品、数字资源等。

第三条　公共图书馆是社会主义公共文化服务体系的重要组成部分，应当将推动、引导、服务全民阅读作为重要任务。

公共图书馆应当坚持社会主义先进文化前进方向，坚持以人民为中心，坚持以社会主义核心价值观为引领，传承发展中华优秀传统文化，继承革命文化，发展社会主义先进文化。

第四条　县级以上人民政府应当将公共图书馆事业纳入本级国民经济和社会发展规划，将公共图书馆建设纳入城乡规划和土地利用总体规划，加大对政府设立的公共图书馆的投入，将所需经费列入本级政府预算，并及时、足额拨付。

国家鼓励公民、法人和其他组织自筹资金设立公共图书馆。县级以上人民政府应当积极调动社会力量参与公共图书馆建设，并按照国家有关规定给予政策扶持。

第五条 国务院文化主管部门负责全国公共图书馆的管理工作。国务院其他有关部门在各自职责范围内负责与公共图书馆管理有关的工作。

县级以上地方人民政府文化主管部门负责本行政区域内公共图书馆的管理工作。县级以上地方人民政府其他有关部门在各自职责范围内负责本行政区域内与公共图书馆管理有关的工作。

第六条 国家鼓励公民、法人和其他组织依法向公共图书馆捐赠，并依法给予税收优惠。

境外自然人、法人和其他组织可以依照有关法律、行政法规的规定，通过捐赠方式参与境内公共图书馆建设。

第七条 国家扶持革命老区、民族地区、边疆地区和贫困地区公共图书馆事业的发展。

第八条 国家鼓励和支持发挥科技在公共图书馆建设、管理和服务中的作用，推动运用现代信息技术和传播技术，提高公共图书馆的服务效能。

第九条 国家鼓励和支持在公共图书馆领域开展国际交流与合作。

第十条 公共图书馆应当遵守有关知识产权保护的法律、行政法规规定，依法保护和使用文献信息。

馆藏文献信息属于文物、档案或者国家秘密的，公共图书馆应当遵守有关文物保护、档案管理或者保守国家秘密的法律、行政法规规定。

第十一条 公共图书馆行业组织应当依法制定行业规范，加强行业自律，维护会员合法权益，指导、督促会员提高服务质量。

第十二条 对在公共图书馆事业发展中作出突出贡献的组织和个人，按照国家有关规定给予表彰和奖励。

第二章　设　立

第十三条 国家建立覆盖城乡、便捷实用的公共图书馆服务网络。公共图书馆服务网络建设坚持政府主导，鼓励社会参与。

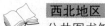

县级以上地方人民政府应当根据本行政区域内人口数量、人口分布、环境和交通条件等因素，因地制宜确定公共图书馆的数量、规模、结构和分布，加强固定馆舍和流动服务设施、自助服务设施建设。

第十四条 县级以上人民政府应当设立公共图书馆。

地方人民政府应当充分利用乡镇（街道）和村（社区）的综合服务设施设立图书室，服务城乡居民。

第十五条 设立公共图书馆应当具备下列条件：

（一）章程；

（二）固定的馆址；

（三）与其功能相适应的馆舍面积、阅览座席、文献信息和设施设备；

（四）与其功能、馆藏规模等相适应的工作人员；

（五）必要的办馆资金和稳定的运行经费来源；

（六）安全保障设施、制度及应急预案。

第十六条 公共图书馆章程应当包括名称、馆址、办馆宗旨、业务范围、管理制度及有关规则、终止程序和剩余财产的处理方案等事项。

第十七条 公共图书馆的设立、变更、终止应当按照国家有关规定办理登记手续。

第十八条 省、自治区、直辖市人民政府文化主管部门应当在其网站上及时公布本行政区域内公共图书馆的名称、馆址、联系方式、馆藏文献信息概况、主要服务内容和方式等信息。

第十九条 政府设立的公共图书馆馆长应当具备相应的文化水平、专业知识和组织管理能力。

公共图书馆应当根据其功能、馆藏规模、馆舍面积、服务范围及服务人口等因素配备相应的工作人员。公共图书馆工作人员应当具备相应的专业知识与技能，其中专业技术人员可以按照国家有关规定评定专业技术职称。

第二十条 公共图书馆可以以捐赠者姓名、名称命名文献信息专藏或者专题活动。

公民、法人和其他组织设立的公共图书馆，可以以捐赠者的姓名、名称命名公共图书馆、公共图书馆馆舍或者其他设施。

以捐赠者姓名、名称命名应当遵守有关法律、行政法规的规定，符合国家利益和社会公共利益，遵循公序良俗。

第二十一条　公共图书馆终止的，应当依照有关法律、行政法规的规定处理其剩余财产。

第二十二条　国家设立国家图书馆，主要承担国家文献信息战略保存、国家书目和联合目录编制、为国家立法和决策服务、组织全国古籍保护、开展图书馆发展研究和国际交流、为其他图书馆提供业务指导和技术支持等职能。国家图书馆同时具有本法规定的公共图书馆的功能。

第三章　运　行

第二十三条　国家推动公共图书馆建立健全法人治理结构，吸收有关方面代表、专业人士和社会公众参与管理。

第二十四条　公共图书馆应当根据办馆宗旨和服务对象的需求，广泛收集文献信息；政府设立的公共图书馆还应当系统收集地方文献信息，保存和传承地方文化。

文献信息的收集应当遵守有关法律、行政法规的规定。

第二十五条　公共图书馆可以通过采购、接受交存或者捐赠等合法方式收集文献信息。

第二十六条　出版单位应当按照国家有关规定向国家图书馆和所在地省级公共图书馆交存正式出版物。

第二十七条　公共图书馆应当按照国家公布的标准、规范对馆藏文献信息进行整理，建立馆藏文献信息目录，并依法通过其网站或者其他方式向社会公开。

第二十八条　公共图书馆应当妥善保存馆藏文献信息，不得随意处置；确需处置的，应当遵守国务院文化主管部门有关处置文献信息的规定。

公共图书馆应当配备防火、防盗等设施，并按照国家有关规定和标准

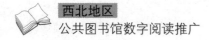
对古籍和其他珍贵、易损文献信息采取专门的保护措施，确保安全。

第二十九条 公共图书馆应当定期对其设施设备进行检查维护，确保正常运行。

公共图书馆的设施设备场地不得用于与其服务无关的商业经营活动。

第三十条 公共图书馆应当加强馆际交流与合作。国家支持公共图书馆开展联合采购、联合编目、联合服务，实现文献信息的共建共享，促进文献信息的有效利用。

第三十一条 县级人民政府应当因地制宜建立符合当地特点的以县级公共图书馆为总馆，乡镇（街道）综合文化站、村（社区）图书室等为分馆或者基层服务点的总分馆制，完善数字化、网络化服务体系和配送体系，实现通借通还，促进公共图书馆服务向城乡基层延伸。总馆应当加强对分馆和基层服务点的业务指导。

第三十二条 公共图书馆馆藏文献信息属于档案、文物的，公共图书馆可以与档案馆、博物馆、纪念馆等单位相互交换重复件、复制件或者目录，联合举办展览，共同编辑出版有关史料或者进行史料研究。

第四章 服 务

第三十三条 公共图书馆应当按照平等、开放、共享的要求向社会公众提供服务。

公共图书馆应当免费向社会公众提供下列服务：

（一）文献信息查询、借阅；

（二）阅览室、自习室等公共空间设施场地开放；

（三）公益性讲座、阅读推广、培训、展览；

（四）国家规定的其他免费服务项目。

第三十四条 政府设立的公共图书馆应当设置少年儿童阅览区域，根据少年儿童的特点配备相应的专业人员，开展面向少年儿童的阅读指导和社会教育活动，并为学校开展有关课外活动提供支持。有条件的地区可以单独设立少年儿童图书馆。

政府设立的公共图书馆应当考虑老年人、残疾人等群体的特点,积极创造条件,提供适合其需要的文献信息、无障碍设施设备和服务等。

第三十五条 政府设立的公共图书馆应当根据自身条件,为国家机关制定法律、法规、政策和开展有关问题研究,提供文献信息和相关咨询服务。

第三十六条 公共图书馆应当通过开展阅读指导、读书交流、演讲诵读、图书互换共享等活动,推广全民阅读。

第三十七条 公共图书馆向社会公众提供文献信息,应当遵守有关法律、行政法规的规定,不得向未成年人提供内容不适宜的文献信息。

公共图书馆不得从事或者允许其他组织、个人在馆内从事危害国家安全、损害社会公共利益和其他违反法律法规的活动。

第三十八条 公共图书馆应当通过其网站或者其他方式向社会公告本馆的服务内容、开放时间、借阅规则等;因故闭馆或者更改开放时间的,除遇不可抗力外,应当提前公告。

公共图书馆在公休日应当开放,在国家法定节假日应当有开放时间。

第三十九条 政府设立的公共图书馆应当通过流动服务设施、自助服务设施等为社会公众提供便捷服务。

第四十条 国家构建标准统一、互联互通的公共图书馆数字服务网络,支持数字阅读产品开发和数字资源保存技术研究,推动公共图书馆利用数字化、网络化技术向社会公众提供便捷服务。

政府设立的公共图书馆应当加强数字资源建设、配备相应的设施设备,建立线上线下相结合的文献信息共享平台,为社会公众提供优质服务。

第四十一条 政府设立的公共图书馆应当加强馆内古籍的保护,根据自身条件采用数字化、影印或者缩微技术等推进古籍的整理、出版和研究利用,并通过巡回展览、公益性讲座、善本再造、创意产品开发等方式,加强古籍宣传,传承发展中华优秀传统文化。

第四十二条 公共图书馆应当改善服务条件、提高服务水平,定期公告服务开展情况,听取读者意见,建立投诉渠道,完善反馈机制,接受社会监督。

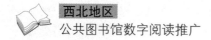

第四十三条　公共图书馆应当妥善保护读者的个人信息、借阅信息以及其他可能涉及读者隐私的信息，不得出售或者以其他方式非法向他人提供。

第四十四条　读者应当遵守公共图书馆的相关规定，自觉维护公共图书馆秩序，爱护公共图书馆的文献信息、设施设备，合法利用文献信息；借阅文献信息的，应当按照规定时限归还。

对破坏公共图书馆文献信息、设施设备，或者扰乱公共图书馆秩序的，公共图书馆工作人员有权予以劝阻、制止；经劝阻、制止无效的，公共图书馆可以停止为其提供服务。

第四十五条　国家采取政府购买服务等措施，对公民、法人和其他组织设立的公共图书馆提供服务给予扶持。

第四十六条　国家鼓励公民参与公共图书馆志愿服务。县级以上人民政府文化主管部门应当对公共图书馆志愿服务给予必要的指导和支持。

第四十七条　国务院文化主管部门和省、自治区、直辖市人民政府文化主管部门应当制定公共图书馆服务规范，对公共图书馆的服务质量和水平进行考核。考核应当吸收社会公众参与。考核结果应当向社会公布，并作为对公共图书馆给予补贴或者奖励等的依据。

第四十八条　国家支持公共图书馆加强与学校图书馆、科研机构图书馆以及其他类型图书馆的交流与合作，开展联合服务。

国家支持学校图书馆、科研机构图书馆以及其他类型图书馆向社会公众开放。

第五章　法律责任

第四十九条　公共图书馆从事或者允许其他组织、个人在馆内从事危害国家安全、损害社会公共利益活动的，由文化主管部门责令改正，没收违法所得；情节严重的，可以责令停业整顿、关闭；对直接负责的主管人员和其他直接责任人员依法追究法律责任。

第五十条　公共图书馆及其工作人员有下列行为之一的，由文化主管部门责令改正，没收违法所得：

（一）违规处置文献信息；

（二）出售或者以其他方式非法向他人提供读者的个人信息、借阅信息以及其他可能涉及读者隐私的信息；

（三）向社会公众提供文献信息违反有关法律、行政法规的规定，或者向未成年人提供内容不适宜的文献信息；

（四）将设施设备场地用于与公共图书馆服务无关的商业经营活动；

（五）其他不履行本法规定的公共图书馆服务要求的行为。

公共图书馆及其工作人员对应当免费提供的服务收费或者变相收费的，由价格主管部门依照前款规定给予处罚。

公共图书馆及其工作人员有前两款规定行为的，对直接负责的主管人员和其他直接责任人员依法追究法律责任。

第五十一条　出版单位未按照国家有关规定交存正式出版物的，由出版主管部门依照有关出版管理的法律、行政法规规定给予处罚。

第五十二条　文化主管部门或者其他有关部门及其工作人员在公共图书馆管理工作中滥用职权、玩忽职守、徇私舞弊的，对直接负责的主管人员和其他直接责任人员依法给予处分。

第五十三条　损坏公共图书馆的文献信息、设施设备或者未按照规定时限归还所借文献信息，造成财产损失或者其他损害的，依法承担民事责任。

第五十四条　违反本法规定，构成违反治安管理行为的，依法给予治安管理处罚；构成犯罪的，依法追究刑事责任。

第六章　附　则

第五十五条　本法自 2018 年 1 月 1 日起施行。